加强科技研发创新

加强人才引育创新

加强营商环境创新

加强数字变革创新

加强产业生态创新

加强要素保障创新

加强民生改善创新

加强风险防控创新

加强文化宣传创新

加强推进落实创新

十大创新

SHI DA CHUANG XIN

中共山东省委宣传部

山东人民出版社·济南
国家一级出版社 全国百佳图书出版单位

图书在版编目（CIP）数据

十大创新/中共山东省委宣传部编．—济南：山东人民出版社，2022.9
ISBN 978-7-209-13980-9

Ⅰ．①十… Ⅱ．①中… Ⅲ．①社会主义建设-现代化建设-研究-山东 Ⅳ．①D675.2

中国版本图书馆CIP数据核字(2022)第142428号

十大创新
中共山东省委宣传部 编

主管单位 山东出版传媒股份有限公司
出版发行 山东人民出版社
出 版 人 胡长青
社　　址 济南市市中区舜耕路517号
邮　　编 250003
电　　话 总编室（0531）82098914
　　　　 市场部（0531）82098027
网　　址 http://www.sd-book.com.cn
印　　装 青岛国彩印刷股份有限公司
经　　销 新华书店

规　　格 16开(169mm×239mm)
印　　张 16.75
字　　数 190千字
版　　次 2022年9月第1版
印　　次 2022年9月第1次
ISBN 978-7-209-13980-9
定　　价 48.00元

出版说明

党的十八大以来，习近平总书记4次亲临山东视察，多次发表重要讲话、作出重要指示批示，为山东发展把舵领航、指引方向。习近平总书记明确要求我们“努力在服务和融入新发展格局上走在前、在增强经济社会发展创新力上走在前、在推动黄河流域生态保护和高质量发展上走在前，不断改善人民生活、促进共同富裕，开创新时代社会主义现代化强省建设新局面”。在增强经济社会发展创新力上走在前，既是习近平总书记对山东的殷切期望，也是推动山东高质量发展的必然举措。有了强大的经济社会发展创新力，服务和融入新发展格局就有了充沛动力和活力，推动黄河流域生态保护和高质量发展就有了坚定基础和支撑。深入贯彻落实习近平总书记重要指示要求，锚定“走在前、开新局”，山东作出以“十大创新”引领全方位创新的重要部署，进一步增强经济社会发展创新力，催生高质量发展新动能新优势。

为深入领会把握“十大创新”的战略深意、科学内涵、重点任务、实践要求，更好地把思想和行动统一到习近平总书记重要指示要求和中央决策部署上来，统一到省委、省政府工作要求上来，中共山东省委宣传部组织编写了《十大创新》学习读本。本书以习近平新时代中国特色社会主义思想为指导，紧密联系山东经济社会发展实践，联系广大党员群众思想实际，把创新摆在发展全局的核心位置，既讲是什么、为什么，又讲怎么看、怎么办，观点权威、文风朴实、语言生动，为进一步统一思想、深化认识，创新思路、优化举措，持续增强经济社会发展创新力提供有益帮助。

编　者

2022 年 9 月

目 录

CONTENTS

绪论 努力在增强经济社会发展创新力上走在前

2021年10月，习近平总书记视察山东时明确指出，山东要“努力在服务和融入新发展格局上走在前、在增强经济社会发展创新力上走在前、在推动黄河流域生态保护和高质量发展上走在前，不断改善人民生活、促进共同富裕，开创新时代社会主义现代化强省建设新局面”。

2022年2月，山东省委召开全省工作动员大会，深入学习贯彻习近平总书记对山东工作重要指示要求，聚焦“在增强经济社会发展创新力上走在前”，围绕“创新引领走在前、聚力实现新突破”，明确提出“十大创新”的重大任务。

2022年5月，山东省第十二次党代会胜利召开，提出聚焦增强经济社会发展创新力，以“十大创新”引领全方位创新，成为国家高水平自立自强的重要支撑，由此推动“十大创新”成为山东改革创新的“总抓手”。

从习近平总书记作出重要指示要求，到山东迅疾部署、加快落实，“十大创新”已成为山东增强经济社会发展创新力、加快新时代社会主义现代化强省建设的关键之举。

一 “十大创新”是山东改革“集大成之作”

面对新形势、新任务、新要求，山东全面贯彻落实习近平总书记关于创新的重要论述，继承发展改革创新光荣传统，学习借鉴先进省市经验做法，集成式推出“十大创新”，提升改革到达新高度，推动山东改革进入新阶段。

（一）创新是“国之大者”

创新是“较量场”。习近平总书记指出：“创新是一个民族进步的灵魂，是一个国家兴旺发达的不竭动力，也是中华民族最深沉的民族禀赋。”“综合国力竞争说到底是创新的竞争。”在激烈的国际环境中，惟创新者进，惟创新者强，惟创新者胜。我们必须实施创新驱动战略，坚持走中国特色自主创新道路。

创新是“加速器”。习近平总书记强调：“只有将创新融入到转变经济发展方式的实践中，才能让中国经济获得永续发展的不竭动力。”可以说，创新是引领发展的第一动力；抓住了创新，就抓住了牵动经济社会发展全局的“牛鼻子”。

创新是“生命线”。习近平总书记要求，“要不断推进理论创新、制度创新、科技创新、文化创新等各方面创新，让创新贯穿党和国家一切工作，让创新在全社会蔚然成风”。创新贯通经济社会发展的各领域、各方面、各层级，是发展的生命所在、关键所在、希望所在。

（二）增强经济社会发展创新力是习近平总书记对山东的一贯要求

习近平总书记对山东深情似海、厚望如山，多次亲临视察、发表重要讲话、作出重要指示批示，每每在关键时刻为山东发展把脉定向，对山东的改革创新尤为关注。

2013 年，习近平总书记希望山东经济社会发展要牢牢把握主题主线和稳中求进的工作总基调，锐意改革，敢闯新路，坚决打好转方式调结构这场攻坚战，切实做好保障和改善民生，努力在推动科学发展、全面建成小康社会历史进程中走在前列。

2018 年，习近平总书记要求山东坚持“腾笼换鸟、凤凰涅槃”思路，推动产业优化升级，推动创新驱动发展，推动基础设施提升，推动深化改革开放，推动高质量发展取得有效进展；并首次明确提出“不断增强经济社会发展创新力”，要求塑造更多依靠创新驱动、更多发挥先发优势的引领型发展。

2021 年，习近平总书记从战略全局高度精准把脉、擘画蓝图，再次强调山东要努力“在增强经济社会发展创新力上走在前”，并作出“三个走在前”重要指示要求，为山东做好各项工作提供了总遵循、总定位、总航标。

（三）“十大创新”是山东高质量发展的必由之路

有利于服务融入全国大局。按照山东省第十二次党代会部署，构筑服务和融入新发展格局的战略支点，必须敢为人先；勇当绿色低碳高质量发展的开路先锋，必须开拓创新；打造共同富裕的省域范例，必须勇闯新路。只有以改革创新开路，才能把主动服务全国大局落到实处。

有利于加快新旧动能转换。深化新旧动能转换，要重视新技术的嵌入作用，重视创新载体的支撑作用，重视制度机制的催化作用，持续在迭代中不断创新、推动转化。

有利于实现经济稳中求进。面对需求收缩、供给冲击、预期转弱“三重压力”，要通过全面、系统、集成创新，实现以“创”促“进”、以“进”促“稳”，充分激发经济社会发展活力。

二 实现“十大创新”基础条件坚实优越

完成“十大创新”重任，山东既有深厚的历史积淀，又有改革开放以来积累的雄厚物质基础，更有新时代取得新成就的战略支撑，底盘相当坚实，底气可谓十足。

（一）创新“文化基因”深入血脉

山东创新文化源远流长。《诗经》曰：“周虽旧邦，其命维新”；《礼记·大学》云：“苟日新、又日新、日日新”；稷下学宫百家争鸣，厚植出“重创新、尚变革”的人文精神，创新自古便是齐鲁文化的重要内容。

山东创新传统一以贯之。管仲改革，使齐国“九合诸侯、一匡天下”；孔子首开私学，打破了“学在官府”局面；“闯关东”，体现了山东人敢打敢拼、敢闯新路的性格品质；山东渔民的“闯海”实践，造就了帆船时代的海上传奇。

山东创新实践再谱新篇。厉家寨整山治水，被誉为“愚公移山，改造中国，厉家寨是一个好例”。东明小井村率先实行“包产到户”，拉开了山东农村改革的序幕。农业产业化“三个模式”，习近平总书记两次点赞。农村基层党建“莱西会议经验”，确立了以党支部为核心的村级组织建设模式。

（二）创新物质基础雄厚

雄厚的经济实力为经济社会创新提供了强大后盾。2021 年，山东实现生产总值 83095 亿元，比上年增长 8.3%，居全国第 3 位。三次产业结构调整为 7.3 ∶ 39.9 ∶ 52.8，服务业为主的产业结构日益优化。

完整的产业体系和齐备配套能力为经济社会创新提供了体系保障。山东拥有 41 个工业大类、197 个工业中类，规上工业企业数量超过 3 万家，是全国工业门类最为齐全、基础最为雄厚、结构最为完善、配套最为完备的省份之一。

新旧动能转换为经济社会发展创新注入强大动力。2021 年，山东“四新”经济增加值占比达 32% 以上，投资占比达 51.2%，高新技术产业投资年增长 11.6%，105 个雁阵形产业集群规模突破 5.7 万亿元，市场主体规模突破 1350 万户。

（三）新时代改革创新硕果累累

党的十八大以来，在以习近平同志为核心的党中央坚强领导下，山东省上下锐意改革、开拓进取，解决了许多长期制约发展的矛盾问题，战胜了许多前所未有的风险挑战，办成了许多事关全局长远的大事要事，为高质量发展注入源源不断的磅礴动力。

科技创新走在前。进入新时代，山东科技创新呈现由“量”到“质”、由“形”到“势”的根本性转变，综合创新能力迈入全国前列，区域创新能力继续保持全国第 6 位。创新质效显著提升，技术领跑领域不断扩大；创新引擎不断增强，科技强企方阵初具规模；为全国科技体制改革蹚新路，创新人才高地加快凸起。

山东两次被国务院列为创新驱动发展和科技创新能力提升成效明显督查激励省份。眼下的山东，正加速向创新型省份迈进。

制度创新亮点多。统筹布局重大制度创新资源，集中力量推出一批具有标志性、引领性、支撑性的制度创新成果。扩权强县、国资国企、财税金融、公共卫生应急管理、要素市场化配置等改革成效显著，省市县党政机构改革、事业单位改革顺利完成。营商环境全面优化，整体水平位列全国第一方阵。近 5 年，市场主体增长 92.8%，截至 2022 年 5 月，市场主体总量达到 1360 多万户。山东自贸试验区试点任务基本完成，上合示范区建设扎实推进。跨国公司领导人青岛峰会、儒商大会、博鳌论坛全球健康大会、青年企业家创新发展国际峰会、对话山东等重大活动影响广泛。开放型经济逆势增长，进出口总额、利用外资显著增长，跨境电商、市场采购贸易额均过千亿元，选择山东、创业齐鲁越来越成为共识。

文化创新勇担责。扛牢优秀传统文化“两创”使命担当，不断提高文化创造力、传播影响力、宣传引导力。打造世界文明交流高地，尼山世界文明论坛已成功举办 8 届，中外专家学者达成“尼山共识”。促进文旅融合发展，“好客山东”“好品山东”“好人山东”品牌影响力持续扩大，美德山东建设卓有成效，医养健康产业快速发展，康养文旅风靡山东，“山东手造”文化数字化战略稳步推进。全力推动宣传引导创新，弘扬沂蒙精神，创新文艺表达，改革新闻发布，讲好中国故事“山东篇章”。

治理创新保安全。坚持安全发展，守牢“一排底线”。实施城乡公益性岗位扩容提质行动，“十四五”期间创设 120 万个左右，吸纳就业、托举民生。坚持安全生产、作风建设、惩治腐败、扫黑除恶“四位一体”，创新推出专项督导、驻点监督、量化问责等强化措施，对重点领域、特殊行业的风险排查和整顿取得良好效果。创新“四进”攻坚，近两年全省派出152个工作组，一竿子插到底，把情况搞真实、把工作抓落实、把作风练扎实，有效解决情况数据不清楚、上下信息不对称、政策制定不接地气等问题。

三 科学把握“十大创新”推进的“三条路径”

增强经济社会发展创新力，必须找准切入点，选好突破口，明确“三条路径”。只有这样，工作才会更加顺畅、更加有力、更加有序有效。

（一）“发挥比较优势”路径

经过长期发展，山东形成了“九大比较优势”，即三次产业可以齐头并进，需求供给可以协同发力，新老动能可以相得益彰，各类企业可以比翼齐飞，陆海资源可以统筹开发，交通运输可以四通八达，城乡区域可以均衡发展，对外开放可以提档升级，人文沃土可以深度耕作。

这“九大比较优势”，是山东创新发展最坚实的基础。要以“十大创新”引领全方位创新，拓展好强化好比较优势，增强领先地位，补足短板，提升全方位优势。以创新把客观优势转化为发展胜势，把优势转化为实实在在的成果。要立足“九大比较优势”谋创新，以拓展比较优势推进创新升级，以创新推进各项优势取得新突破。

（二）“补齐短板弱项”路径

以创新优化经济结构。全面提升传统产业，建设传统产业转型升级示范区。强力突破新兴产业，实施战略性新兴产业集约化发展工程。前瞻布局未来产业，壮大领航型企业。集中做强先进制造业，建设国家先进制造业集群。大力发展海洋经济，抢占海洋产业发展制高点。

以创新优化营商环境。深入开展“双全双百”工程，加快“无证明之省”建设，推动“证照分离”全覆盖。开展市场准入隐性壁垒清理行动，加强知识产权保护，强化反垄断和反不正当竞争。完善社会信用体系。

以创新优化干部作风。大力倡树严肃严格、求真较真、细致细究、务实扎实、高效快捷的工作作风，始终保持永不懈怠的精神状态和一往无前的奋斗姿态。要有舍我其谁的豪气，在新时代社会主义现代化强省建设中勇当先锋、争作表率；要有开拓创新的锐气，“事争一流、唯旗是夺”；要有敢于斗争的胆气，在任何困难挑战面前不低头、不退缩。

（三）“激发社会活力”路径

以变革思想观念增强创新力。从思想层面开展自我革命，打破“小富即安”“甘于平庸”的守旧思维，营造“比学赶超”“改革创新”的浓厚氛围。强化市场观念，最大限度减少政府对市场的微观干预，凡市场能自主调节的就让市场调节，凡企业能自主决策的就让企业决策。强化法治思维，把对法治的尊崇、法律的敬畏转化成思维方式和行为习惯。强化争先意识，全面开展“对标争先”行动，自觉同最优者“对标”、与最快者“赛跑”、跟最强者“比拼”，进位争先、奋力赶超。

以提升开放能级增强创新力。多层次构建开放平台，谋划实施自贸试验区升级版方案，筹建黄河流域自贸试验区联盟，推动4个省级新区开好局、起好步。多元化拓展国际市场，抢抓RCEP机遇，争创中日韩地方经贸合作示范区，提高齐鲁号中欧班列运行质量和效率。多维度挖掘内部潜能，一方面抓城镇化建设，加快推进山东半岛城市群一体化；另一方面抓乡村建设，稳步提高土地出让收入用于农业农村比例，新增建设用地指标优先保障乡村振兴用地需求。

以激发创业热情增强创新力。千方百计调动干部积极性，做到政治上激励、待遇上保障、生活上关心，让大家心无旁骛干事业。千方百计调动企业家积极性，让他们政治上有荣誉、社会上有礼遇、生活上有待遇，当前尤其要雪中送炭，帮困难企业渡过难关再出发。千方百计调动基层积极性，大力整治形式主义、官僚主义，切实减轻基层负担，向基层倾斜各类表彰奖励，要让基层干部干有所得。

推进“十大创新”，对实现“走在前、开新局”具有重大意义。要自觉对标对表习近平总书记重要指示要求，坚定方向、守正创新，以科学的思路方法，推动工作不断取得新进展、新成效。在发展思路上，强调坚决做到“六个一”，即要坚持“一个统领”，始终坚定拥护“两个确立”、坚决做到“两个维护”；把握“一项根本”，始终坚持人民至上；聚焦“一条主轴”，始终聚力高质量发展；守好“一排底线”，始终做到安全发展；打造“一组生态”，始终营造良好政治生态、产业生态、市场生态、社会生态、自然生态；锻造“一支队伍”，始终从严从实管党治党。在策略方法上，强调“六个更加注重”，即更加注重依法办事，更加注重求真务实，更加注重统筹兼顾，更加注重综合施策，更加注重问题导向、需求导向、目标导向、效果导向，更加注重沟通引导，努力争取最好效果。在重点任务上，强调“十二个着力”，即着力推进科技自立自强，着力加快新旧动能转换，着力有效扩大内需，着力推动乡村振兴，着力发展海洋经济，着力促进区域协调发展，着力推动民生改善和共同富裕，着力推动文化繁荣发展，着力加强生态文明建设，着力防范化解风险，着力深化改革开放，着力加强党的领导和党的建设。只要长期坚持这些思路方法，把工作抓紧抓实抓到位，就一定能创造出不负人民、不负时代的改革创新业绩。

第一章 加强科技研发创新

习近平总书记指出："立足新发展阶段、贯彻新发展理念、构建新发展格局、推动高质量发展，必须深入实施科教兴国战略、人才强国战略、创新驱动发展战略，完善国家创新体系，加快建设科技强国，实现高水平科技自立自强。"山东作为东部沿海经济大省，科教资源富集，在科技自立自强中要勇担使命、争创一流，必须牢记习近平总书记嘱托，扛牢科教大省的责任担当，把科技研发创新作为"十大创新"之首，持续开展重大科研攻关，为新时代社会主义现代化强省建设不断注入更加强劲、更加持久的创新动力。

一 科技自立自强是国家发展战略支撑

加快建设科技强国，实现高水平科技自立自强，是以习近平同志为核心的党中央站在实现中华民族伟大复兴的高度，深刻把握时代潮流、立足发展全局作出的重大战略部署。加快实现高水平科技自立自强，是赢得新一轮科技革命主动权、增强核心竞争力的关键举措，也是构建新发展格局、实现高质量发展的战略支撑，对全面建设社会主义现代化强国具有重大意义。

（一）科技兴则民族兴，科技强则国家强

历史经验表明，科技革命总是能够深刻改变世界发展格局。18世纪出现了蒸汽机等重大发明，成就了第一次工业革命，开启了人类社会现代化历程。19世纪，科学技术突飞猛进，催生了由机械化转向电气化的第二次工业革命。20世纪前期，量子论、相对论的诞生形成了第二次科学革命，继而发生了信息科学、生命科学变革。一些国家抓住科技革命的难得机遇，实现了经济实力、科技实力、国防实力迅速增强，综合国力快速提升。

在我国5000多年的文明发展进程中，中华民族创造了闻名于世的科技成果，以“四大发明”为代表的一大批发明创造，为人类文明作出了巨大的贡献。近代以后，由于国内外各种原因，我国屡次与科技革命失之交臂，从世界强国变为任人欺凌的半殖民地半封建国家，中华民族经历了一个多世纪列强侵略、战乱不止、社会动荡、人民流离失所的深重苦难。

新中国成立以来，特别是改革开放以来，我国坚持走科技自立自强之路，科技发展突飞猛进，取得了举世瞩目的伟大成就。2021年，世界知识产权组织发布的全球创新指数显示，我国创新能力综合排名第12位，是前30位中唯一的中等收入经济体，更是世界各国中唯一持续快速上升的国家。“天问”探火星、“嫦娥”登月球、“神十四”和“天和”核心舱成功对接，我国深空探测实现了重大跨越；“深海勇士号”“奋斗者号”“海斗一号”等研制成功，标志着我国具备了万米全海深谱系化的探测能力；在量子科技领域，我国成为目前世界上唯一在两种物理体系达到“量子计算优越性”里程碑的国家。

2022 年 7 月 27 日 12 时 12 分，世界首颗量子微纳卫星“济南一号”在酒泉卫星发射中心搭载“力箭一号”运载火箭成功发射。“济南一号”量子微纳卫星的成功研制，将使我国在世界上首次实现基于微纳卫星和小型化地面站之间的实时星地量子密钥分发，构建低成本、实用化的天地一体化量子保密通信网络。　　图片来源：《大众日报》

实践证明，我国自主创新事业大有可为。实现党的第二个百年奋斗目标，实现中华民族伟大复兴的中国梦，必须坚持走中国特色自主创新道路，面向世界科技前沿、面向经济主战场、面向国家重大需求、面向人民生命健康，加快各领域科技创新，掌握全球科技竞争先机。

（二）“四个面向”是根本遵循

2020 年，习近平总书记主持召开科学家座谈会并发表重要讲话，对科技创新作出坚持“四个面向”的战略部署，鼓励广大科学家和科技工作者不断向科学技术广度和深度进军，开启建设世界科技强国新征程，是“十四五”时期以及更长一个时期推动科技工作的根本遵循和行动指南。

面向世界科技前沿是科技发展需要牢牢把握的总体方向。近年来，我国科学研究整体水平快速提升，在量子信息、干细胞、脑科学等方向取得一批具有国际影响力的原创成果。但在科技时代背景下，我国前沿科学技术仍受制于西方发达国家，这决定了瞄准世界科技前沿仍是当前和今后一段时间中国科技发展的总体方向。我国要牢牢把握好这个大方向，以达到国际领先地位为目标，不断加强科技自主创新能力建设，在新一轮科技革命浪潮中通过加强同世界先进国家的交流合作，努力赶上、追平及至超过世界先进国家科技水平。

面向经济主战场是科技发展需要贯彻落实的根本任务。经过改革开放以来的不懈努力，中国经济实力不断增强，科技创新持续为经济发展注入新动能。但不能忽视的是，我国当前科技对经济增长的贡献率远低于发达国家，对经济发展的推动力还不够强劲。要实现高质量发展，必须加大力度推进科学技术对接经济主战场，推动科技创新服务生产和经济发展。以科技为龙头推动经济发展方式转变，加大科技投入率，推动供给侧结构改革；以科技创新重塑新的产业链，围绕产业链部署创新链，围绕创新链加强产业链，实现产业结构的转型升级，促成新的经济增长模式；以高级化产业基础、现代化产业链和现代产业体系促进经济体系优化升级，促进经济持续健康发展，提升经济发展质量和效益。

面向国家重大需求是科技发展需要直面担当的时代使命。科技创新研究方向的选择要坚持需求导向，从国家急迫需要和长远需求出发，真正解决实际问题。当前，我国经济社会发展、民生改善、国防建设面临许多需要解决的重大现实问题。例如，农业领域的种业安全问题、工业领域的“卡脖子”技术问题、社会领域的人口老龄化问题等，均迫切需要通过科技创新给出解决方案。要全面提升自身综合实力，不断实现自立自强，在世界新科技革命的大潮中，面向国家重大需求实现科学技术创新，坚持“拉长”与“补短”并行，在优势领域锻造“撒手锏”技术，在关系国家安全的领域和节点构建自主可控、安全可靠的国内生产供应体系，为国家发展提供全面保障，在波谲云诡的发展环境中巍然挺立。

面向人民生命健康是科技发展需要坚定遵循的价值导向。在“三个面向”基础上增加“面向人民生命健康”，凸显了生命至上、以人民为中心的发展理念，对科技创新提出了新要求、赋予了新使命。在抗击新冠疫情的实践中，科技这个战胜疫情的有力武器得到了最有效的应用，不同学科、不同领域的科技力量都被凝聚起来，最大限度地保护人民生命安全和身体健康。科技工作面向人民生命健康，必须聚焦人民关心的重大疾病防控、食品药品安全、人口老龄化等重大民生问题，加大对医疗卫生领域的科技投入力度，加快生物医药、医疗设备、健康、环保等领域的科技发展，让科技为人民生命健康保驾护航。

（三）“自主创新”是必由之路

习近平总书记指出：“只有自信的国家和民族，才能在通往未来的道路上行稳致远。树高叶茂，系于根深。自力更生是中华民族自立于世界民族之林的奋斗基点，自主创新是我们攀登世界科技高峰的必由之路。”要实现科技自立自强必须走中国特色自主创新道路。

新中国科技进步史就是一部自立自强的历史。1956 年，党中央发出了“向科学进军”的伟大号召，在一穷二白的基础上建设新中国科研体系，克服封锁和各种难关，取得“两弹一星”等重大成就，靠的就是把科技事业的立足点放在独立自主、自力更生之上。改革开放以后，邓小平同志强调科学技术是第一生产力，我国把提升自主创新能力摆在科技工作的突出位置，推动我国部分科技领域实现了重大跨越。进入新时代，我国坚持把创新作为引领发展的第一动力，党的十九届五中全会提出“科技自立自强”的重要论断，进一步深化了对科技创新规律的认识。

自主创新是我国科技发展路径的重大战略选择。实践反复告诉我们，关键核心技术是要不来、买不来、讨不来的。当前国际科技博弈日趋激烈，世界主要创新大国纷纷加大前沿科技布局，抢占科技竞争制高点。历史和现实都表明，只有确保关键核心技术自主可控，才能牢牢掌握创新主动权、发展主动权。实现中华民族伟大复兴，必须坚持走自立自强的中国特色创新道路，把科技领域中的核心技术、关键技术牢牢握在自己手里，掌握科技创新话语权、引领权、主动权，为全面建设社会主义现代化国家提供强大的科技支撑。

（四）“体制创新”为内在要求

习近平总书记强调：“创新决胜未来，改革关乎国运。科技领域是最需要不断改革的领域。”科技自立自强是我们主动识变应变、因时因势而动的战略选择，完善的科技创新体制机制将为加快实现这一战略选择提供坚强制度保障。

科技创新体制机制改革是应对国内外环境变化和风险挑战的迫切需要。当今世界正经历百年未有之大变局，我国正在加快构建以国内大循环为主体、国内国际双循环相互促进的新发展格局。高水平科技创新供给，关键核心技术突破，新技术快速大规模应用和迭代升级，迫切需要建立与此相适应的科技创新体制机制，把我国已经积累的雄厚科技实力和制度优势转化为支撑国家发展的“筋骨”和参与国际竞争的“内力”，以科技创新体制机制改革的强劲“动能”大幅提升科技创新能力和水平的“势能”。

构建新的科技创新组织模式和管理方式是抢抓新科技革命先机的关键之举。科技创新呈现交叉、融合、渗透、扩散的鲜明特征，颠覆性技术创新不断涌现，新的科学研究范式正在呈现，科研组织体系向交叉融合无边界方向发展。科研体系向“开放科学”转型，知识分享和跨界交流合作成为常态。世界主要创新国家都在加快调整重构科研组织体系，建立适应新兴科学和技术发展的管理架构，力求在新一轮科技竞争中赢得优势。新一轮科技革命和产业变革的加速演进给我国社会主义现代化建设带来了重大机遇，迫切需要抢抓新科技革命先机，构建新的科技创新组织模式和管理方式。面对新的形势，要发挥我国社会主义制度能够集中力量办大事的显著优势，健全社会主义关键核心技术攻关新型举国体制，强化党和国家对重大科技创新的领导，充分发挥市场机制作用，围绕国家战略需求，优化配置创新资源，强化国家战略科技力量，大幅提升科技攻关体系化能力，在若干重要领域形成竞争优势、赢得战略主动。

深化新一轮科技体制改革是加快建设科技强国的内在要求。以习近平同志为核心的党中央对科技体制改革作出一系列重要战略部署，着力强化创新驱动的顶层设计，搭建科技体制改革的“四梁八柱”，建设中国特色科技创新体系。当前，我国科技体制改革全面发力、多点突破、纵深推进，重点领域和关键环节改革取得实质性进展，科技创新的基础性制度框架基本确立。但科技创新体制机制还存在短板，有些改革举措落实还不到位，整体创新效率需要提高。

面向未来，要把政府、市场、社会有机结合起来，加强战略谋划和系统布局，坚持国家战略目标导向，瞄准事关我国产业、经济和国家安全的若干重点领域及重大任务，明确主攻方向和核心技术突破口，实现科学统筹、集中力量、优化机制、协同攻关。大力加强党中央集中统一领导，建立权威的决策指挥体系，构建协同攻关的组织运行机制，高效配置科技力量和创新资源，强化跨领域跨学科协同攻关，形成关键核心技术攻关强大合力。大力推动有效市场和有为政府更好结合，强化企业技术创新主体地位，加快转变政府科技管理职能，营造良好创新生态，激发创新主体活力。

2022 年 6 月 22 日， 山东省科技创新大会在济南召开。会上宣读了《山东省人民政府关于 2021 年度山东省科学技术奖励的决定》，表彰了 2021 年度山东省科学技术最高奖以及自然科学奖、技术发明奖、科学技术进步奖、国际科学技术合作奖等奖项的获得者。共评选出 45 项原创性基础研究成果，为近年来数量最多的一次，新兴产业领域成果占一等奖项目六成以上。

图片来源：《大众日报》

二 科技创新是山东全面创新的核心

山东省第十二次党代会把“加快推动科技自立自强”作为部署的重点任务之首，明确提出要强化科技战略支撑，构筑高能级创新平台，提升科技创新效能，引育一流人才，争当国家高水平科技自立自强排头兵。科技创新是全面创新的核心，以科技引领经济社会发展创新力，是推动山东高质量发展的必然要求。

（一）践行“走在前、开新局”的使命担当

实现山东强省建设“走在前、开新局”，尤其是实现增强经济社会发展创新力上走在前，核心的、首要的是科技创新。山东“走在前、开新局”，科技创新必须率先“走在前、开新局”。

从国际大势看，机遇与挑战并存，亟待抢抓机遇、化危为机。世界正经历百年未有之大变局，新冠肺炎疫情全球蔓延带来诸多不确定性，抢占科技制高点的竞争愈加激烈。能否提供更多高水平的科技创新供给，突破关键核心技术瓶颈制约，真正实现科技自立自强，关乎中华民族伟大复兴全局。另一方面，新一轮科技革命和产业变革突飞猛进，应用基础研究和交叉边缘学科不断产生重大突破，全球产业体系、经济发展方式深刻变革，未来场景创新应用蕴含着无限价值，给我们提供了更多“变道超车”的机会。这就要求我们，要善于从眼前的危机、眼前的困难中捕捉和创造机遇，打好科技创新主动战。

从国内态势看，科技自立自强号角吹响，亟待乘势而上、赢得主动。我国科技事业正发生历史性、整体性、格局性重大变化，表现为重大科技战略资源加快重构、重大创新力量加快形成、重大技

术创新加快突破等。谁能在新一轮科技创新布局中抓住机遇、抢占先机，谁就能赢得主动、赢得未来。当前，全国各地都在加紧行动、跟进谋划，对科技创新重视程度之高、投入力度之大、改革程度之深前所未有。面对新一轮抓创新促创新的热潮，山东只有因时而动、顺势而为，加快补齐科技创新短板，切实提升科技创新实力，才能使科技创新率先“走在前、开新局”。

从“山东优势”看，基础坚实、潜力巨大，亟待做强长板、重点突破。做好科技创新工作，山东具有良好条件基础和巨大空间潜力，突出表现为“三多三好”，即人力资源多、市场主体多、人脉资源多和区位条件好、产业基础好、创新势头好。实现科技创新率先“走在前、开新局”，必须坚持发挥山东沿海独特优势，充分发挥开放平台作用，释放内需潜力，畅通经济循环，促进陆海联动、东西互济，加快打造对外开放新高地，探索服务和融入新发展格局的路径。在加快科技自立自强上积极探索，强化创新引领，围绕产业链部署创新链，努力突破“卡脖子”技术，全面提升供给体系对国内需求的适配性。必须坚持新发展理念，深入实施创新驱动发展战略，充分激发经济社会发展活力，增强高质量发展动力。着力推进科技自立自强，加快攻克一批创新技术、搭建一批创新平台、壮大一批创新企业、引育一批创新人才，创造更多新业态新模式。必须坚持把科技创新作为推动黄河流域生态保护和高质量发展的核心抓手，坚定不移走生态优先、绿色发展的现代化道路，以更大力度打造生态保护样板区、长久安澜示范带、绿色低碳发展先行区、对外开放新高地、文化“两创”新标杆，奋力在黄河流域生态保护和高质量发展中交出更加优异的“山东答卷”。

延伸阅读

“卡脖子”问题

“卡脖子”问题，习近平总书记不止一次提及。早在2013年9月，在十八届中央政治局第九次集体学习时，习近平总书记就“有人认为，科技创新对经济社会发展是远水解不了近渴”的问题指出：“要采取‘非对称’战略，更好发挥自己的优势，在关键领域、‘卡脖子’的地方下大功夫。”2020年中央经济工作会议明确部署了经济工作的8项重点任务，其中有两处提到“卡脖子”：增强产业链供应链自主可控能力，尽快解决一批“卡脖子”问题，搞出更多独门绝技；解决好种子和耕地问题，开展种源“卡脖子”技术攻关。习近平总书记曾打过一个生动的比方：供应链的“命门”掌握在别人手里，“那就好比在别人的墙基上砌房子，再大再漂亮也可能经不起风雨，甚至会不堪一击”。而解决这些“命门”和“卡脖子”问题，关键就是靠科技创新。

资料来源：《中国青年报》2020年12月30日

（二）新旧动能转换的动力和支撑

习近平总书记对山东发展寄予厚望，要求山东坚持“腾笼换鸟、凤凰涅槃”，在高质量发展上奋力蹚出一条新路子。山东坚定落实总书记重要指示要求，完整、准确、全面贯彻新发展理念，加快推进新旧动能转换重大工程，全省发展呈现由“量”到“质”、由“形”到“势”的根本性转变。

以科技创新催生新发展动能。从源头技术供给看，山东基础研究力量大多集中在生物、农业、制造等传统优势领域，在新一代信息技术、新材料、人工智能等领域分布较少，原始创新能力不足，关键核心技术突破亟待加强。近年来，全省加大基础研究经费投入，以原创探索、基础支撑、战略跟踪三个类别在集成电路、生物医药、高端装备材料等领域组织实施多项重大基础研究项目，解决产业共性技术背后的重大科学问题，增强全省科技创新策源能力。以"十强产业"技术创新需求为导向，编制关键核心技术攻关动态清单，以"揭榜组阁"等新型项目组织模式，组织实施重大科技创新工程，突破产业链薄弱环节，加快培育新动能。

以科技创新促进产业优化升级。加快培育壮大新动能、改造提升传统动能是促进经济结构转型和实体经济升级的重要途径，也是推进供给侧结构性改革的重要着力点。山东紧紧抓住经济结构偏"重"这一主要矛盾，以"十强产业"为主战场，以"三个坚决"（坚决淘汰落后动能、坚决改造提升传统功能、坚决培育壮大新动能）为基本路径，全力推进新旧动能转换。作为唯一示范省承接科技部"氢进万家""北斗星动能"两项重大科技示范工程，启动服务器高端芯片、人工智能等10余个领域重大科技示范工程，以"技术攻关+产业化应用"为抓手，突破一批重大关键技术难题，培育一批具有牵引性、支柱性的重大产品和装备，打造区域性产业集群，加快传统产业转型升级，不断塑造发展新优势。

（三）优化区域创新布局的关键

我国经济已由高速增长阶段转向高质量发展阶段，经济增长方式也正在由传统的要素驱动向创新驱动转变，提升区域创新能力成为促进区域经济增长的重要措施。目前，山东创新动力显著增强，关键核心技术实现突破，创新平台建设提速，创新主体不断壮大，创新布局日益优化。

提升创新体系整体效能。近年来，山东牢记习近平总书记嘱托，坚定不移建设创新型省份，创新引领高质量发展作用显著增强。高能级创新平台体系日趋完善，战略科技力量培育取得新进展，实验室体系初步形成；布局建设了以山东产业技术研究院、山东高等技术研究院、山东能源研究院“新三大院”为代表的一批高能级创新平台；产业技术创新平台布局持续优化，构建“政产学研金服用”创新创业共同体体系。区域创新能力不断提升，创新型省份建设走在全国前列，为全省经济高质量发展提供坚实支撑。

主动服务重大战略实施。山东深入学习贯彻习近平总书记重要指示要求，突出抓好生态保护，突出强化科技支撑，突出推进动能转换，突出深化科研合作，扎实推动黄河流域生态保护和高质量发展战略落地落实。黄河三角洲农业高新技术产业示范区加快成为全

黄河三角洲农业高新技术产业示范区加快成为全国领先的现代农业科技创新高地。图为示范区。 图片来源：大众网

国领先的现代农业科技创新高地，黄河国家战略研究院挂牌成立，黄河流域协同科技创新大会顺利召开。黄河流域科技创新联盟成功组建，探索建立沿黄 9 省区及新疆维吾尔自治区“9+1”科技创新合作模式，共同打造黄河流域科创大走廊，极大地拓展了协同创新的宽度，展现了践行黄河战略的山东担当。

推动全省域创新协调发展。持续深化开发区体制机制改革，引导高新技术企业、高端人才在开发区集聚，激励企业加快科技研发和成果转化，增强开发区科技创新驱动能力。高新区加快高质量发展步伐，10 家高新区入围国家高新区百强榜单，位列全国第 2 位，创新能力显著提升。集中力量支持济南建设区域科技创新中心，支持青岛建设具有全球影响力的海洋科技创新中心，青岛、济南创新实力大幅提升，国家创新型城市创新能力指数分列第 10 位、第 14 位。立足省会、胶东和鲁南三大经济圈发展需求，积极打造协同创新共同体，持续推动区域内产业园区和科研平台合作共建、科技资源互联互通和开放共享。

（四）保障产业链供应链安全稳定的必然要求

产业链供应链安全稳定是构建以国内大循环为主体、国内国际双循环相互促进的新发展格局的基础。充分发挥科技创新驱动作用，加快推动产业链与创新链深度融合，是准确把握新发展阶段、深入贯彻新发展理念、加快构建新发展格局的内在要求，是实现经济高质量发展的关键所在。

强化战略科技力量，夯实产业链供应链自主可控的基础。中美贸易摩擦的影响和全球疫情的冲击，对山东乃至全国的供应链和产业链形成了巨大考验。山东聚焦重点产业链供应链，加快构建战略科技力量，成效逐步显现；充分发挥基础研究对科技创新的源头供给和引领作用，持续推动山东省核心基础零部件、关键基础材料、先进基础工艺、产业关键核心技术的突破，不断夯实产业链供应链自主可控的基础，保障产业发展安全稳定。

强化关键技术攻关，着力突破产业链短板和弱项。为提升产业链供应链的稳定性和竞争力，山东大力推进制造业重点产业链“链长制”，通过增强“链主型”企业的带动力，牵引上下游企业精准建链、补链、延链、强链。科技创新是产业链强链、补链的关键。为增强产业链自主可控能力，山东加快推动科技自立自强，强化科技攻关项目、平台、人才、资金一体化配置，建立产学研融合工作机制，促进产业链、创新链、人才链有效对接，梳理关键核心技术攻关需求，采取竞争立项、定向委托、“组阁揭榜”等方式，着力突破产业链“卡脖子”环节，促进创新链与产业链深度融合，全面提升对产业链发展的引领和支撑能力。

三 山东实现高水平科技自立自强的比较优势

近些年，通过深入实施创新驱动战略，山东具备了良好的创新基础，高能级创新平台体系日趋完善，高新技术企业数量快速增长，创新人才队伍规模庞大，区域创新能力位居全国前列，有能力在国家创新发展中承担更多任务、发挥更大作用。

（一）科技创新环境日益优化

山东深入贯彻落实习近平总书记关于科技创新的重要论述，不断强化科技创新的核心地位，努力构建科技创新发展新格局，科技创新环境日益优化。

组织领导体制不断健全。高规格成立省委科技创新委员会，省委书记、省长任组长，为全省科技创新提供强力政治保障。设立山东省科技创新战略咨询专家委员会、中国工程科技发展战略山东研究院，为科技管理决策提供咨询服务。

科技资源配置持续优化。2019年以来，省级财政设立规模不低于120亿元的“省级科技创新发展资金”，2020—2022年预算安排规模年均增长10%，科技创新投入力度持续加大。集中面向重大关键共性技术攻关、重大原始创新、重大技术创新引导及产业化和重大创新平台项目等重点创新领域。通过市场需求引导创新资源有效配置，创造性实施科技资金股权投资项目，2020年至2021年，对88家企业投资15亿元，撬动约3倍社会资本跟投科技企业。

政策法规保障体系不断完善。发布《山东省“十四五”科技创新规划》和《山东省中长期科学和技术发展规划纲要（2021—2035年）》，先后出台《关于推进省级财政科技创新资金整合的实施意见》《关于深化科技改革攻坚的若干措施》等一系列改革举措，搭建起基本覆盖科技计划管理、创新创业、创新平台建设、科技人才队伍建设、科技成果转化等较为完整的政策体系。

科技体制改革持续深化。全面推行科技攻关“揭榜”制，通过市场机制，自主遴选项目实施主体。加快推行省级财政科研项目经费“包干制”试点，省自然科学基金项目实行“包干制”，覆盖率达95%。被科技部列为科技奖励制度改革唯一试点省、科技人才分类评价改革3个试点省之一、科技成果评价改革4个试点省之一，为全国深化科技体制改革蹚出新路径、创造新经验。

延伸阅读

2021 年山东研究与试验发展经费投入位居全国第五

2022 年 8 月 31 日，国家统计局、科学技术部、财政部发布《2021 年全国科技经费投入统计公报》。

2021 年，全国共投入研究与试验发展经费 27956.3 亿元，比上年增加 3563.2 亿元，增长 14.6%，增速比上年加快 4.4 个百分点；研究与试验发展经费投入强度（与国内生产总值之比）为 2.44%，比上年提高 0.03 个百分点。按研究与试验发展人员全时工作量计算的人均经费为 48.9 万元，比上年增加 2.3 万元。

分地区看，2021 年研究与试验发展经费投入超过千亿元的省（市）有 11 个，分别为广东（4002.2 亿元）、江苏（3438.6 亿元）、北京（2629.3 亿元）、浙江（2157.7 亿元）、山东（1944.7 亿元）、上海（1819.8 亿元）、四川（1214.5 亿元）、湖北（1160.2 亿元）、湖南（1028.9 亿元）、河南（1018.8 亿元）和安徽（1006.1 亿元）。

资料来源：国家统计局，2022 年 8 月 31 日

（二）关键核心技术持续突破

以重大需求和重大任务为牵引，围绕产业链部署创新链，产业发展的关键核心技术持续突破，科技支撑经济社会高质量发展能力显著增强。

基础研究投入持续加大。2022 年，山东自然科学基金规模已突破 7 亿元，省政府与国家基金委的联合基金年支持达到 1.6 亿元，为提升山东源头创新能力提供了有力支撑。在人工智能、新一代信

息技术、生物技术、新材料、新能源等领域储备了一批前瞻性原创技术，海洋、农业等领域科技创新能力达到全国领先。

关键核心技术攻关成效显著。聚焦"十强产业"发展技术需求，精准组织实施省级重大科技创新工程，取得一批标志性科技创新成果，技术"领跑"领域不断扩大。智慧交通、燃料电池、碳纤维、重大新药创制等20多个领域的科技创新和产业化走在国内前列，在"墨子号"量子卫星、"天问一号"、C919大飞机、国产航母、"蛟龙号"载人深潜器、南海可燃冰试采装备"蓝鲸一号"等国之重器方面贡献了山东力量。取得了世界首套时速600公里高速磁浮交通系统、全球首款"国密算法高抗冲突物联网安全芯片"、世界首颗量子微纳卫星"济南一号"等一批标志性重大创新成果。

科技示范工程有序推进。在全国率先实施"技术攻关+产业化

2021年7月20日，我国时速600公里高速磁浮交通系统在青岛成功下线，这是世界首套设计时速达600公里的高速磁浮交通系统，标志着我国掌握了高速磁浮成套技术和工程化能力。图为时速600公里高速磁浮试验样车。　图片来源：《科技日报》

应用”科技示范工程，与科技部共同实施“氢进万家”科技示范工程，山东成为全国首个氢能大规模推广应用的示范省份，为实现“碳达峰、碳中和”目标探索新路径；启动“北斗星动能”科技示范工程，加快推动北斗技术赋能山东空天信息产业，打造空天信息领域的战略高地。

（三）战略科技力量不断强化

围绕国家战略实施和“十强产业”需求，加快打造标志性重大科技平台载体，推进平台、项目、人才、资金等创新要素一体化配置，战略科技力量不断强化。

重大创新平台支撑能力持续提升。截至2022年6月，山东建有青岛海洋科学与技术试点国家实验室1个，国家重点实验室21个，省实验室9个，省重点实验室261个，探索建立“1313”四级实验室体系。国家燃料电池技术创新中心、国家高端智能化家用电器创新中心获准批复，国家技术创新中心达到两家，总数居全国首位。两项大科学装置纳入国家重大科技基础设施布局，实现历史性突破。纳入国家新序列管理国家工程研究中心9家，总数居全国第二；国家企业技术中心数量达到193家，稳居全国首位。

战略科技后备力量加快培育。截至2021年底，全省建有省技术创新中心105家、省临床医学研究中心16家、院士工作站444家，省级创新创业共同体31家、省企业技术中心1881家，初步构建独具山东特色的创新创业生态体系。培育了以“新三大院”等为代表的新型研发机构，带动全省备案省级新型研发机构356家。

国家战略创新力量加速集聚。中科院海洋大科学研究中心、中科院济南科创城、中国工程科技发展战略山东研究院等国家战略创新力量落户山东。济青烟国家科技成果转移转化示范区、济南国家新一代人工智能创新发展试验区等相继获批建设，济南超算科技园开园启用，枣庄国家可持续发展议程创新示范区创建工作加快推进，有力推动创新资源向山东汇聚。

（四）科技强企方阵初具规模

科技企业培育力度持续加大。启动科技型企业梯次培育行动，构建科技型中小企业铺天盖地、高新技术企业持续涌现、领军企业顶天立地的发展格局。

高能级孵化载体加快建设。截至 2021 年底，全省拥有国家级科技企业孵化器 101 家、国家级众创空间 219 家，数量分别居全国第 3 位、第 2 位。科技型企业队伍不断壮大，全省科技型中小企业入库达到 2.89 万家，居全国第 3 位；高新技术企业突破 2 万家，增幅超过 38.2%。

骨干高新技术企业强化扶持。培育浪潮、海尔、万华、歌尔、杰瑞等具有核心竞争力的科技型领军企业。持续推动惠企政策落实落地，2021 年落实企业研发投入财政补助、中小微企业升级高企财政补助资金达 12.59 亿元，惠及 9200 余家企业，落实研发费用税前加计扣除政策，加计额达 980 亿元，惠及企业 2.8 万家。

（五）区域特色创新态势明显

抢抓黄河流域生态保护和高质量发展国家战略机遇，发挥济南、青岛、烟台“三核”科创资源优势，打造区域科技创新引擎。

区域创新高地加快隆起。山东产业技术研究院、中科院济南科创城等重大平台加快建设。截至 2021 年底，14 个中科院项目落地济南科创城，6 个大科学装置积极筹建，加快打造国内一流、国际知名的区域性科技创新中心。以青岛海洋科学与技术试点国家实验室为支撑，汇聚中科院 13 个涉海研究所力量，共建中科院海洋大科学研究中心，加快培育具有国际影响力的海洋科技创新高地。

特色园区加快创新发展。截至 2021 年底，全省已建成省级以上高新区 20 家，国家级高新区 13 家，共有 10 家高新区入围国家高新区百强榜单，位列全国第 2 位，其中有 9 家进入前 50 强，创新能力显著提升。建成 1 个国家农业高新技术产业示范区、19 个国家农业科技园区、18 个省级农业高新技术产业示范区、121 个省级农业科技园，形成了四级联动、梯次发展的农业科技园区体系。

（六）科技人才活力充分迸发

持续完善和强化引才、育才、用才的政策措施，全面深化以科技人才为纽带的科技交流与合作，高端创新资源“聚合效应”初步形成。

人才引进力度不断加强。实施引进顶尖人才团队“一事一议”，精心培育“外专双百计划”品牌，推行“揭榜挂帅”、科创飞地等新型引才模式，灵活有效集聚海外创新人才。“十三五”期间，山东共引进 117 名国际知名专家和 98 个高层次外国专家团队，国际顶尖创新创业人才 7 人，长期在鲁工作的外国人才达到 1.5 万人。

人才激励机制不断完善。加快实行以增加知识价值为导向的分配政策，加大对完成、转化职务科技成果作出重要贡献人员的奖励，成果转化收入不低于 70% 用于奖励个人，其中不低于 50% 奖励主要贡献人员。积极推动落实事业单位高层次人才收入分配激励政策，鼓励事业单位对高层次人才实行绩效工资倾斜、年薪制、协议工资制、项目工资制等灵活多样的分配方式。开展“赋予科研人员职务科技成果所有权或长期使用权”试点，在全国率先开展“二级事业单位正职领导持股”试点，率先推行科技奖励“悬赏制”改革，符合条件的直接授予省科技进步一等奖。

赋予更大科研自主权。积极推行科技攻关“揭榜”制、首席专家“组阁”制，赋予科研人员更大的人财物支配权，吸引国内顶尖科研力量聚集山东。进一步扩大省级财政科研项目经费“包干制”试点范围，现已覆盖95%的省自然科学基金项目，走在全国前列。

科学分类评价体系加快构建。深入推进项目评审、人才评价、机构评估，着力破解“唯论文、唯职称、唯学历、唯奖项”问题，树立“唯实绩、唯能力”的人才评价、科研项目评价和科技成果评价正确导向。

（七）科技合作水平不断提升

初步形成了渠道畅通、机制完善、开放务实、成效显著的科技合作网络，区域国际化和开放程度显著提高，国内外创新资源的配置能力全面提升。

国际合作持续推进。“十三五”期间，省级科技财政累计投入资金1.25亿元，实施国际科技合作项目71项，取得了12mm金刚石单晶、等离子喷涂焊接、高性能土工格栅等一系列重要创新成果。积极参与国家政府间合作框架，推动形成与“一带一路”重点国家间技术、人才、平台、园区一体化全面合作的良好态势。全省累计承担国家级国际科技合作项目100余项，建立国家级国际科技合作基地44家，位居全国第2位，4000多次（人）为海外高层次专家和海内外院士来鲁联合研发和成果转化提供平台。

国内合作成效显著。创办了山东省创新驱动发展院士恳谈会，成立了山东院士专家联合会，汇集海内外上百名院士为全省高质量发展建言献策。先后与中国科学院、中国工程院和北京大学、清华大学、复旦大学等国内知名科研院所、高等院校建立了战略合作关系，启动了中科院济南科创城、烟台先进材料与绿色制造山东省实验室等重大平台建设，为争创综合性国家科学中心奠定了基础。

四 以科技研发创新推动科技强省建设

科技创新工作是一项系统工程，必须充分发挥各方面的作用，调动各方面的积极性，齐心协力共同推进。以科技研发创新行动为突破口，不断深化科技体制改革，优化科技创新生态，提升科技服务能力，推动高水平科技自立自强。

（一）攻克一批创新技术

关键核心技术是买不来的，必须把提升原始创新能力摆在更加突出的位置。围绕产业链部署创新链，围绕创新链布局产业链，贯通技术创新、示范应用和产业发展，探索新型举国体制山东路径。

支持基础性原创性技术研发。实施基础研究十年行动计划，不断加大省自然科学基金投入，从新一代信息技术、新材料、新能源、生物医药、碳中和等产业发展中凝练科学问题，组织重大基础研究项目，解决“卡脖子”技术的基础理论和技术原理。以应用研究倒逼基础研究，以基础研究引领应用研究，强化对高精尖产业技术的源头支撑，抢占未来科技和产业发展制高点。

强化重大关键技术攻关。坚持问题导向、需求导向、目标导向、效果导向，围绕产业链部署创新链，梳理“十强产业”关键核心技术问题清单，加快构建龙头企业牵头的体系化、任务型创新联合体。通过重大科技创新工程、农业良种工程等科技计划实施，高效组织实施一批重大关键技术攻关项目，尽快取得一批填补产业链断点的重大创新成果。

组织实施科技示范工程。稳步推进“氢进万家”和“北斗星动能”科技示范工程，在公共安全、高端芯片、智慧农业等领域，再启动一批“技术攻关＋产业化应用”重大科技示范工程，推动新技术大规模应用和产业迭代升级，培育具有牵引性、支柱性的重大产品和装备，打造创新型产业集群。

（二）搭建一批创新平台

重大科技创新平台是创新体系的重要组成部分，是推动科技成果转化的重要载体。面向新时代社会主义现代化强省建设战略需求，打造一批覆盖科技创新全周期、全链条、全过程的高水平创新平台。

做大做强高能级平台。深化与中国科学院、中国工程院等大院大所合作，加快推进中科院济南科创城、中科院海洋大科学中心、未来产业研究院等高端平台建设。高水平建设省级创新创业共同体，有效聚集“政产学研金服用”创新要素，打造全国创新创业“齐鲁样板”。

加快重塑实验室体系。围绕重点产业链，特别是标志性产业链技术需求，加快构建“1313”四级实验室体系。整合国内涉海优势创新力量，全力争创海洋国家实验室。优化重组现有国家重点实验室，积极创建国家重点实验室、省部共建国家重点实验室，高标准建设山东省实验室，优化重组省重点实验室。

壮大产业技术创新平台。在优势领域全力创建国家技术创新中心、制造业创新中心、产业创新中心、临床医学研究中心等重大创新平台。全力创建盐碱地综合利用、体育等国家技术创新中心。高水平建设济南新一代人工智能创新发展试验区，支持青岛创建新一代人工智能创新发展试验区。

（三）壮大一批创新企业

企业是创新的主体，是推动创新创造的生力军。强化企业技术创新主体地位，建立健全企业为主体、市场为导向、产学研深度融合、大中小企业融通创新的技术创新体系。

聚力打造科技领军企业。实施创新型领军企业培育工程，在重点领域，遴选一批掌握核心技术、发展潜力大的高新技术企业，采取“一企一策”方式提供靶向服务，推动成长为创新型领军企业。支持行业龙头骨干企业牵头组建创新联合体“揭榜攻关”，领衔突破产业核心关键技术，搭建重大创新平台，积极发挥原创引领作用。

实施科技型企业梯次培育升级行动。进一步完善激励企业创新的政策体系，壮大高新技术企业队伍，积极培育单项冠军、瞪羚、独角兽等优质企业。实施高新技术企业培育工程。遴选创新基础好、有发展潜力的科技型中小企业纳入高新技术企业培育库，采取精准措施，推动其加快成长为高新技术企业。遴选优秀高新技术企业纳入科创板上市企业培育库，推动符合条件的企业到科创板上市发展。

推动科技型中小企业全面开花。实施科技型中小企业创新能力提升工程。聚焦战略性新兴领域及山东急需补短板的产业领域，每年组织1000家科技型中小企业牵头实施一批技术创新项目，加速科技成果转化落地，强化高新技术企业后备力量培育。提升科技金融服务水平，引导金融机构加大对种子期、初创期企业支持力度。

（四）引育一批创新人才

创新驱动实质上是人才驱动，科技创新的根本源泉在于人，拥有一流创新人才，才能在科技创新中占据优势。深入实施人才兴鲁战略，加快集聚一大批顶尖人才、科技领军人才和青年科技人才，推动科技人才数量和质量进入全国前列。

集聚高层次科技人才。大力培养战略科学家和科技领军人才。通过重大科技任务发现和培养战略科学家、高层次复合型人才，形成符合山东实际的战略科学家梯队。深化引进顶尖人才“一事一议”、领军人才“筑峰计划”实施机制，推进国际顶尖科学家工作室建设。启动新一期泰山学者、泰山产业领军人才工程，重点培养引进科技领军人才和创新团队。抢抓国家级人才工程改革机遇，力争山东更多人才入选。

强化青年科技人才引育。探索建立青年科技人才的发现、遴选、培育和长期稳定支持的新机制。发挥省自然科学基金培养作用，完善青年科技人才、省优青、省杰青的梯次培育体系。实施省海外优青计划，常态化引进海外优秀青年人才。实施青年科技人才托举行动，为青年人才开展学术交流、融入创新团队等搭建平台。建立符合青年人才成长规律的培养使用评价机制，打破论资排辈等隐性台阶，促进青年人才脱颖而出。

大力吸引海外优秀人才。建立海外人才常态化引才机制，快速引进急缺产业人才和高水平创新团队，引进掌握颠覆性技术、核心技术的国际顶尖科学家。强化离岸创新创业基地等布局，实施海外工程师支持计划，精准引进掌握产业核心技术的高层次人才与创新团队。

创新人才流动和服务机制。实行更加开放的人才政策，构筑集聚国内外优秀人才的科研创新高地。持续优化外国人来山东工作便利化举措。搭建人力资本产业等新型公共服务平台，营造良好生态环境。

（五）深化科技体制改革

创新决胜未来，改革关乎国运。科技领域是最需要不断改革的领域。按照抓战略、抓改革、抓规划、抓服务的定位，持续推进科技体制改革，深化“放管服”改革，努力培育全国最优的创新生态。

改革重大科技项目立项和组织管理方式。聚焦重大战略任务的组织实施，制定“卡脖子”关键核心技术清单，实行攻关项目“建档立卡”制。加快推行“揭榜挂帅”制度，全面推行技术总师负责制，探索“赛马”制度。加快推广科研项目经费“包干制”，覆盖更多的科技计划项目类别。完善符合科研规律、以信任为前提的科研经费使用管理机制。

深入推进科技评价改革。坚持以质量、绩效、贡献为核心的评价导向，深化项目评审、人才评价、机构评估改革，完善科技成果评价机制。加强科技计划评价体系建设，完善自由探索型和任务导向型科技项目分类评价制度，建立非共识科技项目的评价机制。优化科技计划项目全过程绩效评价与管理机制，加强标准化绩效评价体系建设。深化科技奖励制度改革，奖励真正作出创造性贡献的科学家和一线科技人员。

加快推动科技成果转化。深入开展赋予科研人员职务科技成果所有权或长期使用权试点，建立高校和科研院所成果转化尽职免责负面清单。强化技术转移人才培养基地建设，壮大技术经纪人队伍。加快推进省属高校及科研院所专业化技术转移机构建设。鼓励高校院所以市场应用为导向，探索建立“概念验证中心”，布局建设一批中试示范基地。大力发展专业性技术市场，提升对创新资源的市场化配置功能。

强化科技金融支撑。加快济南市科创金融改革试验区建设，探索“人力 + 资本”、投贷联动、投担联动、知识产权质押融资等新模式。完善科技保险扶持政策，推进专利保险试点，鼓励保险公司、科研机构、中介公司和科技企业共同研发科技保险产品，探索建立科技保险保费补贴和风险补偿机制。实施科技企业上市工程，加强科技金融辅导，支持引导企业用好科创板、创业板、北交所、新三板和区域性股权市场等融资渠道。

第二章 加强人才引育创新

创新之道，唯在得人。党的十八大以来，以习近平同志为核心的党中央站在实现中华民族伟大复兴、赢得国际竞争主动的战略高度，作出全方位培养、引进、使用人才的重大部署，推动新时代人才工作取得历史性成就、发生历史性变革。山东深入贯彻落实习近平总书记关于做好新时代人才工作的重要思想和对山东工作的重要指示要求，锚定“走在前、开新局”，把人才作为推动高质量发展的“第一资源”，深入实施人才兴鲁战略，加大人才引育创新力度，努力打造具有山东特色的新时代人才集聚高地。

一 加强人才引育创新的时代要求

习近平总书记强调，我们比历史上任何时期都更加接近实现中华民族伟大复兴的宏伟目标，也比历史上任何时期都更加渴求人才。当前，世界百年未有之大变局与中华民族伟大复兴战略全局历史性交汇，相互作用、相互激荡，国际国内面临复杂深刻变化，人才工作面临新形势、新机遇、新挑战。

（一）有效提升国际人才竞争力的必然选择

纵观世界近现代发展史，人才是大国兴起的重要推动力量。自

16世纪以来，全球依次集聚形成了意大利、英国、法国、德国和美国等5个世界科学和人才中心，推动了5个世界强国的崛起。进入新时代新阶段，伴随着全球范围内新一轮科技革命的蓬勃兴起、人口老龄化趋势加剧、新冠肺炎疫情暴发等，世界科学和人才中心正再次发生转移，世界各国都在抢抓历史发展机遇，美国、英国等西方发达国家纷纷制定出台加强人才引进、培养的政策措施，国际人才争夺日趋白热化。

延伸阅读

5个世界科学和人才中心

人类历史上，科技和人才总是向发展势头好、文明程度高、创新最活跃的地方集聚。16世纪以来，全球先后形成5个科学和人才中心。一是16世纪的意大利，文艺复兴运动促进了科学发展，产生了哥白尼、伽利略、达·芬奇、维萨里等一大批科学家，诞生了《天体运行论》、《人体结构》、天文望远镜等一大批科学名著和科学发明。二是17世纪的英国，培根经验主义理论和“知识就是力量”的理念加速了科学进步，产生了牛顿、波义耳等科学大师，开辟了力学、化学等多个学科，成为推动第一次工业革命的先导。三是18世纪的法国，启蒙运动营造了向往科学的社会氛围，产生了拉格朗日、拉普拉斯、拉瓦锡、安培等为代表的一大批卓越科学家，在分析力学、热力学、化学等学科领域作出重大建树。四是19世纪的德国，产生了爱因斯坦、普朗克、欧姆、高斯、黎曼、李比希、霍夫曼等一大批科学家，创立了相对论、量子力学、有机化学、细胞学说等重大科学理论。五是20世纪的美国，集聚了费米、冯·诺依曼等一大批顶尖科学家，产生了贝尔、爱迪生、肖克利等一大批顶尖发明家，美国获得了近70%的诺贝尔奖，产出占同期世界总数60%以上的科学成果，集聚了全球近50%的高被引科学家。

资料来源：《求是》2021年第24期

当前，我国进入全面建设社会主义现代化国家、向第二个百年奋斗目标进军的新征程，提出全面实施创新驱动发展战略和建设世界科技强国、人才强国的发展目标。实现这一发展目标，高水平科技自立自强是关键，归根到底要靠人才。加快建立人才资源竞争优势，我国还面临不少制约和挑战，特别是随着我国逐步走向世界科创舞台的中央，以美国为首的西方部分国家对我国实施人才封锁、科技打压，传统的人才引进、培养、使用模式亟待创新。应对错综复杂的国际人才竞争形势，必须切实增强做好新时代人才工作的紧迫感、责任感和使命感，不断加强人才引育创新，进一步提升国际人才竞争力。

（二）积极融入和服务国家人才战略的必然举措

2021年9月，中央召开人才工作会议，在更高起点、更高层次、更高目标上对加快建设世界人才强国进行战略谋划和顶层设计，作出了建设世界重要人才中心和创新高地的决策部署，提出到2025年，全社会研发经费投入大幅增长，科技创新主力军队伍建设取得重要进展，顶尖科学家集聚水平明显提高，人才自主培养能力不断增强，在关键核心技术领域拥有一大批战略科技人才、一流科技领军人才和创新团队；到 2030 年，适应高质量发展的人才制度体系基本形成，创新人才自主培养能力显著提升，对世界优秀人才的吸引力明显增强，在主要科技领域有一批领跑者，在新兴前沿交叉领域有一批开拓者；到 2035 年，形成我国在诸多领域人才竞争比较优势，国家战略科技力量和高水平人才队伍位居世界前列。

山东是全国唯一的常住人口、户籍人口“双过亿”省份，山东半岛城市群是黄河流域生态保护和高质量发展的龙头，济南、青岛是山东半岛城市群的核心，肩负着衔接南北动能传导、活跃北方经济的战略使命，承担着建设山东新旧动能转换综合试验区、山东自贸试验区、上合示范区、国家军民融合示范区、“一带一路”国际合作新平台等一系列国之重任，有责任有义务、有基础有条件创建吸引和集聚人才平台，在积极融入和服务国家人才战略、加快建设世界重要人才中心和创新高地中展现更大作为担当。

（三）实现“走在前、开新局”的必然要求

2021 年 12 月，山东省委召开人才工作会议，提出大力实施科教强鲁人才兴鲁战略，着力建设吸引和集聚人才的平台，打造有山东特色的新时代人才集聚高地，高水平建设人才强省，努力在人才工作高质量发展中走在全国前列。2022 年 2 月，省 2022 年工作动员大会召开，提出要加强人才引育创新，在招才引智上出新招、在自主培养上出新招、在人尽其才上出新招。5 月，省第十二次党代会召开，提出引育一流创新人才，让更多“千里马”在山东创新创业赛道上竞相奔腾。6 月，省委人才座谈会召开，强调实现省党代会提出的“走在前、开新局”要求，人才工作首先要走在前。没有

人才优势，就不可能有创新优势、科技优势、产业优势，更不可能有发展优势。当前山东仍处在转型升级的紧要关口，必须把创新作为突破多重约束、实现高质量发展的“最优解”，把人才作为破解各类瓶颈、支撑高质量发展的“金钥匙”，必须牢固确立人才引领发展的战略地位，努力造就一流人才队伍，在发展竞争中赢得主动。

二 加强人才引育创新的思想引领和重点方向

习近平总书记高度重视人才工作，提出一系列新理念新战略新举措，深化了党对人才工作的规律性认识，为我们加强人才引育创新、高水平建设人才强省指明了前进方向、提供了根本遵循。

（一）“八个坚持”是加强人才引育创新的思想引领

在中央人才工作会议上，习近平总书记将党的十八大以来人才工作形成的一系列新理念新战略新举措集中概括为“八个坚持”：坚持党对人才工作的全面领导，这是做好人才工作的根本保证；坚持人才引领发展的战略地位，这是做好人才工作的重大战略；坚持面向世界科技前沿、面向经济主战场、面向国家重大需求、面向人民生命健康，这是做好人才工作的目标方向；坚持全方位培养用好人才，这是做好人才工作的重点任务；坚持深化人才发展体制机制改革，这是做好人才工作的重要保障；坚持聚天下英才而用之，这是做好人才工作的基本要求；坚持营造识才爱才敬才用才的环境，这是做好人才工作的社会条件；坚持弘扬科学家精神，这是做好人才工作的精神引领和思想保证。“八个坚持”系统回答了为什么建设人才强国、什么是人才强国、怎样建设人才强国的重大理论和实践问题，是做好新时代人才工作的“纲”和“魂”，也是我们加强人才引育创新的思想引领。

（二）加快战略人才力量建设是人才引育创新的重中之重

习近平总书记指出，战略人才站在国际科技前沿、引领科技自主创新、承担国家战略科技任务，是支撑我国高水平科技自立自强的重要力量。加强人才引育创新，必须把建设战略人才力量作为重中之重来抓。

抓住战略科学家这个“关键少数”。战略科学家是具有深厚科学素养、长期奋战在科研第一线，视野开阔，前瞻性判断力、跨学科理解能力、大兵团作战组织领导能力强的科学家。“千军易得，一将难求”。战略科学家是“帅才型科学家”，是国家战略人才力量中的“关键少数”，是推动科技创新与高技术产业跨越发展的“领路人”。当前，全球进入大科学时代，科学研究的复杂性、系统性、协同性显著增强，战略科学家的重要性日益凸显。加快战略科学家引育培养，一方面要坚持实践标准，在国家重大科技任务担纲领衔者中发现和培养战略科学家；另一方面要坚持长远眼光，有意识地发现和培养更多具有战略科学家潜质的高层次复合型人才，形成战略科学家成长梯队。

发挥科技领军人才这个“中流砥柱”。科技领军人才是国家战略人才力量的中坚骨干，在重大科技任务中发挥着挑大梁、带队伍的重要作用。要实现高水平科技自立自强，归根到底要靠高水平创新人才。一方面，要突出需求导向，精准发力，认真梳理目前“卡脖子”关键技术攻关需要，在重大科研任务中进行磨砺培养。另一方面，要加大领军人才支持力度，实行人才梯队配套、科研条件配套、管理机制配套政策，只要是领军人才看中、事业发展急需的人，就可以打破界限，跨部门、跨地区、跨行业、跨体制调动配置，支持组建高水平创新团队合力攻坚。

激发青年科技人才这个“源头活水”。青年人才充满创新活力和发展潜力，是科技人才队伍中的生力军，代表了科技事业发展的希望和未来。要把人才引育的政策重心放在青年科技人才上，给予青年科技人才更多的信任、更好的帮助、更有力的支持，为他们成长和发展搭建舞台、拓展空间。在部署科研项目时，提高青年科技人才担纲领衔的比例；在实施人才计划时，加大对青年科技人才的倾斜支持。更加关心关爱青年科技人才，教育引导他们坚定理想信念、涵养优良学风、厚植学术根基、保持科研定力，在科学研究道路上行稳致远；同时着力解决青年科技人才事业发展和工作生活中遇到的实际困难，有针对性地帮助他们解除后顾之忧，让他们安身、安心、安业。

筑牢卓越工程师和高技能人才这个“产业基石”。制造业是我国的立国之本、强国之基。作为全国唯一一个拥有全部 41 个工业大类的省份，山东对于这类人才需求非常迫切。要探索形成中国特色、世界水平的工程师培养体系，调动高校和企业两个主体积极性。一方面要深化高校工程教育改革，加大理工科人才培养分量，探索实行高校和企业联合培养高素质复合型工科人才的有效机制；另一方面，企业要把培养环节前移，同高校一起设计培养目标、制订培养方案、实施培养过程，实行校企“双导师制”，实现产学研深度融合，解决工程技术人才培养与生产实践脱节的突出问题，从而建设一支爱党报国、敬业奉献、具有突出技术创新能力、善于解决复杂工程问题的工程师队伍。

（三）全方位培养、引进、用好各类人才

中央人才工作会议提出要锚定2035年跻身创新型国家前列、建成人才强国的远景目标，下大气力全方位培养、引进、用好人才。加强人才引育创新就要在人才培养、引进、使用上拿出新的办法、新的措施，让更多“千里马”在创新创业赛道上竞相奔腾，努力推动新时代人才强省建设“走在前、开新局”。

走好人才自主培养之路。培养人才是国家和民族长远发展的大计，当今世界人才的竞争首先是人才培养的竞争。我国是一个大国，对人才数量、质量、结构的需求是全方位的，满足这样庞大的人才需求必须主要依靠自己培养，提高人才供给自主可控能力。同时，必须牢固树立自主培养人才的坚强决心和信心，我国拥有世界上规模最大的高等教育体系，有各项事业发展的广阔舞台，完全能够源源不断培养造就大批优秀人才，完全能够培养出大师。

加大人才对外开放力度。强调人才自主培养，绝不意味着自我隔绝。要结合新形势加强人才国际交流，坚持全球视野、世界一流水平，千方百计引进那些能为我所用的顶尖人才，使更多全球智慧资源、创新要素为我所用。要实行更加开放的人才政策，不仅要引进来，还要走出去，不唯地域引进人才，不求所有开发人才，集四海之气，借八方之力，用好全球创新资源，精准引进急需紧缺人才，形成具有吸引力和国际竞争力的人才制度体系，加快建设世界重要人才中心和创新高地。

用好用活各类人才。无论是培养人才，还是引进人才，最终目的都是为了更好地使用人才。贤良之士众，则国家之治厚。只有各方面人才各得其所、各展其长，源源不断的人才优势才能转化为澎

湃不竭的发展优势。对待急需紧缺的特殊人才，要有特殊政策，不要求全责备，不要论资排辈，不要都用一把尺子衡量，让有真才实学的人才英雄有用武之地。要建立以信任为基础的人才使用机制，允许失败、宽容失败，完善科学家本位的科研组织体系，完善科研任务“揭榜挂帅”“赛马”制度，实行目标导向的“军令状”制度，鼓励科技领军人才挂帅出征。要为各类人才搭建干事创业的平台，构建充分体现知识、技术等创新要素价值的收益分配机制，让事业激励人才，让人才成就事业。

三 加强人才引育创新的实践基础

党的十八大以来，山东深入贯彻落实习近平总书记关于做好新时代人才工作的重要思想和对山东工作的重要指示要求，坚持党管人才原则，大力实施人才兴鲁战略，全力推进人才制度改革攻坚行动，全方位培养引进使用人才，人才强省建设迈出坚实步伐。

（一）党管人才工作格局不断优化

深入实施人才兴鲁战略，将人才工作摆在更加突出位置，将省人才工作领导小组升格为省委人才工作领导小组，由省委、省政府主要负责同志担任组长，顶格强化党对人才工作的领导。完善领导小组运行机制，制定党管人才职责清单，创新实施党委书记人才工作项目，开展“一部门一品牌”创建工作，实行成员单位述职评议制度，开展人才工作目标责任制考核。完善各地市人才工作目标责任制考核体系，聚焦重大人才政策制定、重点人才工程实施、重要人才队伍建设、人才生态打造，强化了横向协同和纵向联动，党管人才工作格局更加完善。

（二）人才队伍规模素质持续提升

近年来，山东人才总量持续增长，高层次人才队伍不断壮大，全省人才资源总量突破1500万人，较“十二五”末增加近30%，位居全国第三。581名外国专家荣获“齐鲁友谊奖”，长期在鲁工作的外国人才达到1.1万人。住鲁两院院士和海外学术机构院士达到121位，全国1/3的海洋领域院士和近一半的海洋科技人才集聚山东，国家级省级领军人才4400多名。每10万人中拥有大学文化程度人数较2010年增长86.5%，高技能人才达到350万人，居全国前列，研究与试验发展人员达到69.6万人。近3年吸引集聚高校毕业生等青年人才218万人，年均增幅14.7%，高校毕业生留鲁率保持在80%以上，来鲁、留鲁青年人才数量持续增长。11个市入选中国城市人才吸引力百强榜，7个县（市、区）入选中国县域人口流入百强榜，青岛第10次入选“魅力中国——外

山东深入实施创新驱动战略，国字号、中字头、世界级科技力量加快布局，国家级、省级领军人才达到4300多名，高技能人才达到350万人，科技创新能力迈入全国前例。图为青岛海洋科技与技术试点国家实验中心。　图片来源：青岛新闻网

籍人才眼中最具吸引力的中国城市”十强城市榜单。

（三）人才引领发展作用成效明显

人才服务黄河流域生态保护和高质量发展、新旧动能转换、海洋强省、乡村振兴等重大战略成效显著。“十三五”以来，山东累计获得国家科学技术奖 143 项，其中单位和个人牵头获奖数量连续多年位居全国前列，海洋领域获国家科技奖数量约占全国的 54%；涌现出“蓝鲸二号”半潜式钻井平台、重型商用车动力总成、全球首款突破 50% 热效率的商业化柴油机等一批重大科技成果，小麦育种、燃料电池、碳纤维、海洋药物等 20 多个领域科技创新和产业化水平位居国内前列。“十三五”以来，每万人口发明专利拥有量达到 14.85 件，是“十二五”末的 3.1 倍；全省农业科技进步贡献率超过 65%；高新技术企业突破 2 万家，是“十二五”末的 5.1 倍；高新技术产业产值占规模以上工业产值的比重达到 46.8%，较“十二五”末提高 16.6 个百分点；“四新”经济增加值占比达到 30.2%。全省区域创新能力保持在全国第 6 位，青岛和济南跻身创新型城市第 10 位和第 14 位，智能制造指数居全国首位。

（四）人才培养集聚能力不断增强

“十三五”以来，一批国家战略落户山东，为广大人才提供了广阔的事业空间。高水平大学和高水平学科“双高”建设成效明显，博士、硕士学位授权点分别增至 193 个、987 个，财政科技投入大幅提升，组织实施重大科技创新工程项目近 1000 项，人才培养能力持续提升。中科院海洋大科学研究中心、中科院济南科创城等一批国家战略创新力量相继落户，山东产业技术研究院、高等技术研究院、能源研究院“新三大院”高标建成，高能级创新平台和新型研发机构加快发展，人才承载能力不断提高。人才创新发展大会、院士恳谈会、“海洽会”、名校人才直通车等品牌人才活动影响力与日俱增。组织开展产业关键核心技术“揭榜挂帅”攻关行动，榜单金额近 40 亿元，为企业提供柔性引才新路径。

（五）人才制度和服务保障持续优化

颁布实施《山东省人才发展促进条例》，先后出台“人才兴鲁 32 条”、加强和改进新时代人才工作的实施意见，具有山东特色的人才制度体系初步形成，本硕博毕业生补贴政策实现 16 市全覆盖，泰山、齐鲁人才工程品牌享誉全国。持续推进人才制度改革攻坚，实施高校科研单位“五权下放”、高层次人才职称评审“直通车”、基层专业技术人才职称“双通道”、科研经费“包干制”、科技攻关“揭榜挂帅”等一系列放权松绑举措，人才活力有效激发。人才服务内容不断拓展，构建形成以“山东惠才卡”为代表的“四个一”人才服务体系，初步构建起了“人才贷”“人才板”“人才投”“人才保”创新创业金融支持体系。推进人才安居工程，深化党委联系服务专家制度，开展齐鲁杰出人才奖评选，尊才爱才氛围更加浓厚。

延伸阅读

泰山系列人才工程

泰山系列人才工程是山东省委、省政府实施的一项重大人才工程。其中，泰山学者工程从 2003 年开始实施，2014 年省委、省政府研究决定，将泰山学者工程优化拓展为泰山学者工程和泰山产业领军人才工程。2020 年底第 3 期实施完成，累计遴选近 3000 人，有效集聚了一批高层次领军人才，在海内外产生了广泛影响。

2021 年底，山东印发《关于深化提升泰山人才工程的意见》及实施细则，启动了新一期泰山人才工程，坚持“四个面向”，聚焦推进高水平科技自立自强、“十强”现代优势产业集聚培育壮大，把建设战略人才力量作为重中之重，把培育国家战略人才力量的政策重心放在青年科技人才上，加大人文社科领域人才支持力度。面向高校、科研院所、新型研发机构、医疗卫生机构、宣传文化单位等，持续实施泰山学者工程，重点扩大青年专家遴选规模，“十四五”期间遴选攀登专家 50 名左右、特聘专家 300 名左右、青年专家 2000 名左右。面向“十强产业”领域创新型企业、企业创新平台、新型研发机构等，持续实施泰山产业领军人才工程，将支持领域扩大到企业经营管理人才，计划“十四五”期间遴选创新领军人才 750 名左右、创业领军人才 500 名左右、经营管理领军人才 150 名左右、技能领军人才 150 名左右。

资料来源：《大众日报》2021 年 12 月 27 日

四 加强人才引育创新的重点举措

中央和省委人才工作会议的召开，开启了人才工作新的历史篇章。做好新时代全省人才工作，必须坚持更高定位，不断健全完善党管人才工作格局，加快打造具有山东特色的新时代人才集聚高地，着力提升一流人才引育能力，更好地为新时代社会主义现代化强省建设提供强有力的人才支撑。

（一）健全完善党管人才工作格局

加强党对人才工作的全面领导，压紧压实各级党委（党组）主体责任，健全“一把手”抓重要人才项目、重大人才工程、重点人才引进的工作机制，对重点任务实行清单化管理、项目化推进，年底组织考核“晒成绩”，推动相关领域人才工作塑成优势、创出品牌，扎实扛牢人才工作责任。常态化开展“弘扬爱国奋斗精神、建功立业新时代”活动，深化爱国主义教育、传统文化教育，发挥好“山东省人才之家”凝聚人才、服务人才作用。强化省市县三级人才建设资金统筹整合，提高投入产出比，集中力量办大事。完善多元化人才投入机制，引导社会资本、金融机构支持人才发展，实现人才资源最优配置。持续扩大“齐鲁杰出人才奖”影响力，设立科学技术青年奖，表彰奖励作出突出贡献的优秀人才。大力弘扬科学家精神、企业家精神、工匠精神，讲好人才故事，让人才在齐鲁大地备受尊崇。

（二）打造具有山东特色的新时代人才集聚高地

积极融入国家“3+N”人才发展格局，充分发挥济南、青岛两个副省级城市科教资源富集、产业基础坚实优势，加快创建国家级吸引和集聚人才平台，努力成为中国建设世界重要人才中心和创新高地的重要支点。支持济南抢抓黄河流域生态环境保护和高质量发展战略机遇，加快新旧动能转换起步区建设，高标准建设中科院济南科创城、齐鲁科创大走廊、济南国际医学科学中心等重大载体，形成全国重要科技创新和人才集聚中心。支持青岛发挥海洋科教资源集聚优势，加快中国—上海合作组织地方经贸示范区建设，高标准建设崂山—蓝谷科创走廊、西海岸大科学装置和新型研发机构集聚区，着力打造全球有影响力的海洋人才中心城市和“一带一路”国际人才杰作枢纽平台。

以“济青创建国家吸引集聚人才平台，全力融入国家新时代人才发展布局”为牵引，以“各市依托开发区、自贸区等各类功能区，打造特色鲜明的人才集聚小高地”为支撑，形成“2+N”人才集聚雁阵格局，带动全省人才集聚能力提升。支持各市结合各类开发区、自贸试验区、自主创新示范区、省级新区等功能区建设，立足实际强化战略新型和前沿产业聚集，建设产财融合的孵化器、产业园，培育科技型企业，打造一批特色鲜明、创新创业活力强的人才集聚高地。推动各市发挥好主体作用，强化省、市资源要素的统筹配置，将人才发展政策改革综合试点作为重要推手，先行先试一批改革事项，建立省会经济圈、胶东经济圈和鲁南经济圈人才一体化协同发展机制，促进人才政策统筹衔接、人才流动便捷畅通、人才资源优势互补，实现重点突破、以点带面、因地制宜、特色发展，形成“群雁齐飞”阵势，全面提升区域人才竞争力。

（三）加强重点人才队伍引育

集聚战略科学家和顶尖人才。建立战略科学家发现、支持、发挥作用机制。深化实施引进顶尖人才“一事一议”、领军人才“筑峰计划”机制，推进国际顶尖科学家工作室建设。

集聚领军人才和创新团队。发挥好泰山人才工程和省重大科技创新工程作用，实施科技领军人才和创新团队遴选培养支持计划。

举办“创业齐鲁·共赢未来”高层次人才创业大赛。

加大青年人才集聚力度。深入推进“万名博士、十万硕士、百万大学生创业齐鲁计划”，省市联动开展“山东—名校人才直通车”活动100场以上，持续办好“高校学子山东行”“百校千企”“青鸟计划”“优选山东”等人才招引对接活动。创新“海聚山东”线上引才活动形式，组织用人单位“带岗直播”。提高省自然科学基金、社会科学基金项目青年人才支持比例。实施高校青年创新团队支持计划。设立“山东博士后科学基金”。

壮大卓越工程师和高技能人才队伍。启动推进省属高校“卓越工程师创新实验班”设立工作。实施“万名数字专员进企业”行动。实施“技能兴鲁”百万工匠培育、万名技能领军人才培育行动。研究制定新时代技能人才培养载体建设的支持政策。

加强哲学社会科学人才引育创新。编制实施全省哲学社会科学、文学艺术等宣传思想文化人才发展规划，出台推动哲学社会科学和文学艺术人才建设工作创新发展的具体措施。根据学科建设和实际需要，精准引进理论、新闻、出版、文艺、国际传播、考古等方面名家大师、学科带头人、紧缺专业人才。启动实施山东哲学社会科学领军人才“111工程”，遴选支持哲学社会科学名家大家、学科带头人、中青年学术骨干。

加大海外人才集聚力度。组织举办山东人才创新发展大会、中国·山东海内外高端人才交流会、国际青年交流大会、“留学报国·智汇齐鲁”海归创新创业峰会、泰山青年国际论坛、留学人员来鲁创业大赛。持续深化外籍人才来鲁工作便利化举措改革。

加强人才交流合作。搭建重点用人单位人才需求集中发布平台。加强与京津冀、长三角、粤港澳等人才资源集聚地区协同合作。

推进黄河流域科创联盟建设，打造人才发展共同体。开展黄河流域百千万人才交流活动，建立“青年创新创业联盟”。

（四）加强人才自主培养

增强高校人才培养能力。实施新兴专业支持计划，推进新工科、新医科、新农科、新文科等新兴交叉学科布局。启动基础学科拔尖人才培养计划，布局建设一批基础学科拔尖人才培养基地。实施学位授权精准培育计划，重点建设培育一批博士、硕士学位授予高校和博士学位授权点。

深化人才产教融合培养。遴选认定一批现代产业学院，打造一批国家“双高计划”高职院校和高水平中职学校。扩大职业院校（含技工院校）办学规模，探索创新校企融合发展模式。全面推进校企协同育人计划，培育一批产教融合型企业，鼓励校企以混合所有制等形式合作举办专业、二级学院和实训基地。推进“万名工匠进校园”计划，推动更多企业工程技术人员等到职业院校兼职授课。继续举办全省职业院校技能大赛。

加大各类人才培训力度。深入实施企业家素质提升行动，做好第三批经营管理“雏鹰”人才挂职实训工作。组织齐鲁经营管理人才训练营。实施新一轮专业技术人才知识更新工程。全面推进职业院校开展职业培训计划。深化“村村都有好青年”选培工作。

（五）支持各类人才发挥作用

打造一流人才事业平台载体。分领域推进人才引领型载体平台建设。启动实施“学科尖兵梯队培育计划”。加快重大科研创新平台、大科学装置和新型研发机构建设布局。

激发人才创新活力。实行财政科研项目经费管理使用负面清单制度。制定高层次人才周转编制管理使用具体办法。选取部分公益一类事业单位开展体制机制创新试点，搞活绩效管理。落实重点产业链尖端技术人才奖励制度。

创新人才使用机制。实施完善重大项目“揭榜挂帅”机制升级版，在科技示范工程项目中全面推行技术总师负责制，在应急性、关键性的重大科技攻关任务中探索试行“赛马”制。组织企业梳理产业“卡脖子”技术清单，集聚人才揭榜攻关。持续开展科技副职选派工作。探索建立政府引导、企业主导模式的“科技副总”选聘机制。

强化人才服务保障。出台加强新时代人才服务工作的实施意见。探索将“山东惠才卡”服务范围拓展到省外优秀人才。全面推广“送政策上门”“免申即享”等机制。建立“双招双引”人才医疗保障服务平台，加快推进技术经纪人队伍建设，组建技术经纪服务联盟。

第三章 加强营商环境创新

习近平总书记指出，营商环境是企业生存发展的土壤，强调要对标国际一流标准改善营商环境。党的十八大以来，以习近平同志为核心的党中央审时度势，对优化营商环境作出了一系列重大决策部署。山东省委、省政府持续深化“放管服”改革，不断加快政府职能转变，着力破除体制机制障碍，大幅放宽市场准入，加快推进公平监管，营商环境整体水平始终位于全国前列。

一 提升综合竞争力的重要支撑

营商环境是一个国家或地区经济软实力和国际竞争力的重要支撑，是进一步激发全社会创造力和提升区域核心竞争力的重要引擎。

（一）营商环境内涵更加丰富

我国《优化营商环境条例》将营商环境界定为市场主体在市场经济活动中所涉及的体制机制性因素和条件，明确优化营商环境工作应当坚持市场化、法治化、国际化原则，以市场主体需求为导向，以深刻转变政府职能为核心，创新体制机制、强化协同联动、完善法治保障，为各类市场主体投资兴业营造良好环境。营商环境一般应满足以下四方面要求：一是市场化，就是通过进一步清理妨碍要素市场化配置的隐形门槛和壁垒，开展企业全生命周期集成服务改革，降低企业生产经营成本，持续释放市场主体活力和发展空间。包括深化行政审批制度改革、优化市场准入退出环境、降低企业生产经营成本等方面，以权利公平、机会公平、规则公平保障市场公平准入。二是法治化，就是坚持用法治思维和法治方式推动改革创新，依法平等保护各类市场主体产权和合法权益，让各类企业公平竞争、安心发展。三是国际化，就是积极对标国际先进地区，对接国际通行规则，优化跨境贸易服务，更好利用国际国内两个市场、两种资源，塑成对外开放新优势，持续增强外商投资和外籍人才吸引力。四是便利化，就是以数字赋能推动数据共享、业务协同、流程重塑，着力提升企业和群众办事体验感，让企业、群众办事更方便。

（二）打造国际一流营商环境意义深远

以习近平同志为核心的党中央始终把优化营商环境摆在经济发展工作的重要位置，习近平总书记多次作出重要指示批示，明确指出："要加快转变政府职能，培育市场化、法治化、国际化营商环境。"

从国际来看，当前，百年变局和世纪疫情交织，经济全球化遭遇逆流，世界进入新的动荡变革期，我国经济发展环境的复杂性、严峻性、不确定性上升，发展态势备受关注。面对严峻形势，以优化营商环境为核心的国际竞争日益加剧，营商环境建设日益成为提升国际竞争力的重要抓手。根据世界银行发布的《2020营商环境报告》，2013—2020年，在全球190个主要经济体中，我国营商环境排名由第96位跃升至第31位，成为全球营商环境进步最快的经济

《2020 营商环境报告》显示中国营商环境排名大幅提升。　　图片来源：新华社

体之一。

从国内来看，我国经济已由高速增长阶段转向高质量发展阶段，要推动经济高质量发展，不仅需要基础设施等“硬环境”的持续改善，更需要深化体制机制改革创新，在“软环境”上实现新的突破。《优化营商环境条例》的公布和实施，从制度层面为优化营商环境提供了更加有力的保障和支撑，进一步增强了各级政府以及社会各方面对优化营商环境的意识，有利于在全社会营造优化营商环境的浓厚氛围，有效发挥了稳定预期、提振信心的作用。2021 年，中国实际使用外资金额 11493.6 亿元人民币，同比增长 14.9%。截至 2021 年底，全国登记在册的市场主体达到 1.54 亿户，比 2012 年底增长了 1.8 倍，年均增幅达 12.1%，日均新设企业 2.5 万户，是 2012 年的 3.6 倍。从 2012 年到 2021 年，我国民营企业数量从 1000 多万户增长到近 4500 万户，10 年间翻了两番多，在企业总量中占比 92.1%；外商投资企业数量从 44.1 万户增长到 66.4 万户，增幅超过 50%。

（三）优化营商环境是创造竞争新优势的关键所在

习近平总书记强调："营商环境只有更好，没有最好。"营商环境是衡量城市生产力、竞争力、吸引力的重要标尺，也是扩大对外开放和推动高质量发展的关键所在。

提升区域核心竞争力。区域经济发展差距也是营商环境的差距，良好的营商环境能够使市场主体活跃、投资旺盛、创新富有活力。当前，我国经济社会发展的"人口红利""资源红利"逐渐弱化，营造公平高效、诚实守信、民主法治、稳定有序并且可预期的营商环境，成为提升区域核心竞争力的必然选择。

赋能经济高质量发展。一个地区的发展，短期靠项目，中期靠政策，长期靠环境。良好的营商环境有助于稳定收益和规则的预期，最大限度地消弭不确定性和冗赘成本，促进市场交易与社会合作，提高资源配置的经济社会效率，有效激发经济高质量发展内生动力，推动经济发展质量变革、效率变革、动力变革，不断增强经济竞争力。

激发市场主体活力。营商环境的改善能够有效激发市场主体的活力和社会创造力，增强发展动力，释放内需潜力。在良好的营商环境中，政府与市场界限清晰、市场机制有效、调控监管有度、办事流程规范，有利于降低市场主体制度性交易成本，提升市场准入便利化水平，使得区域内市场主体留得住、发展好。

吸引聚集发展要素。良好的营商环境有利于吸引资金、技术、人才等各类发展要素的自由流动与集聚，促进区域经济从传统的成本优势向以品牌、资本、技术、服务、人才为核心的综合竞争优势转变，进而对产业发展、财税收入、社会就业等产生重要影响。

（四）优化营商环境是法治政府的重要体现

习近平总书记强调："法治是最好的营商环境。"要规范政府和市场的边界，尊重市场经济规律，通过市场化手段，在法治框架内调整各类市场主体的利益关系。

保护市场主体合法权益。社会主义市场经济本质上是法治经济，法治是营商环境的核心和保障。依法保护诚实守信、公平竞争，保障民营企业和民营企业家的合法权益，给各类市场主体吃上"定心丸"，这样才能吸引更多投资者来投资兴业，促进经济社会持续健康发展。

维护公平竞争市场秩序。要打好立法、执法、司法组合拳，为企业发展创新提供法治支撑，促进企业合法诚信经营；"拉高线"与"保底线"并重，创新监管方式，寓监管于服务之中，强化源头治理，探索适应新业态特点、有利于公平竞争的监管办法，加大违法违规经营行为惩处力度，提高监管效能，使市场既充满活力又规范有序。

规范行政权力有序运行。用法治给行政权力定规矩、划界限，理顺政府和市场的关系，使行政权力和责任制度化、规范化、阳光化，助力政府更好担当市场和社会"守夜人"的角色。用权责法定和法治思维来管理政府事务，接受社会和公众监督，实现"法无授权不可为""法定职责必须为"，更好发挥有为政府推动作用。

二 提升山东高质量发展的重要保障

山东坚持在营商环境建设水平上持续争先进位，以营商环境创新提升经济社会高质量发展水平。

（一）山东营商环境创新的探索历程

2013 年以来，山东认真贯彻落实党中央、国务院部署，把营商环境创新作为适应和引领经济发展新常态、推进新旧动能转换、加快制度创新流程再造的重要引擎，连续 10 年印发工作方案，通过比速度、比效率、比服务，推进政务服务标准化、智能化、便利化，千方百计吸引企业投资，想方设法集聚资源要素。总的来看，山东营商环境创新工作主要经历了 3 个阶段：

第一阶段（2013 年至 2014 年）：行政审批制度改革单项突破。着力推进行政审批制度改革，大幅减少行政审批事项，搭建改革框架，为全面推进改革奠定基础。2013 年 7 月，省政府印发《关于推进政府职能转变简政放权减少行政许可的意见》，明确了简政放权的目标要求和 30 条措施，拉开了党的十八大以后山东营商环境改革的大幕；同年 12 月，《关于深入学习贯彻党的十八届三中全会精神的意见》提出本届政府任期内省级行政审批事项再削减 1/2 左右，办结时限比法定时限缩短 50%。这一阶段以深化行政审批制度改革为突破口，着力在减权上下功夫，以大幅度减少审批事项为主要任务。到 2014 年底，省级行政审批事项削减 400 项，简政放权取得显著成效。

第二阶段（2015 年至 2019 年）：“放管服”改革与优化营商环境协同推进。深化“放管服”改革，优化政务服务体制机制，培育改革品牌，全面推进改革系统集成。2015—2016 年，省政府分别就推进政府权力清单化管理、加强事中事后监管和推进优化服务进行系统部署。2017 年 8 月，印发《关于深化放管服改革进一步优化

山东系统推进“一次办好”“一网通办”“集成联办”“全省通办”，一流营商环境建设成效显著。图为山东省政务服务中心。

图片来源：大众网

政务环境的意见》，统筹推进削权减证、流程再造、精准监管、体制创新、规范用权“五大行动”。2018 年，迈出具有关键意义的一步，先后出台《关于深化“一次办好”改革深入推进审批服务便民化实施方案》《关于推进相对集中行政许可权改革组建市县行政审批服务局的意见》，开展优化营商环境专项行动，全力打造“一次办好”品牌，全面推开相对集中行政许可权改革，组建市县行政审批服务局，实现“一枚印章管审批”。2019 年，出台《关于聚焦企业和群众关切深化“一窗受理·一次办好”改革的措施》等，持续推动改革再提速、再增效。这一阶段更加注重品牌效应，行政审批、投资审批、商事制度等各领域改革全面铺开，“放管服”改革与优化营商环境协同推进。

第三阶段（2020年至今）：优化营商环境与加强营商环境创新深度融合。瞄准“走在全国前列”目标定位，巩固提升既有优势，推动营商环境持续争先进位。2020年5月，省政府印发《关于持续深入优化营商环境的实施意见》，推出18项改革举措，19个部门分别推出了配套文件；6月，颁布《关于向中国（山东）自由贸易试验区和中国—上海合作组织地方经贸合作示范区下放部分行政权力事项的决定》，将正面放权单一模式扩展为正面放权、负面放权两种模式；7月，颁布《关于调整实施部分省级行政权力事项的决定》，向济南、青岛、烟台3市，其他13个设区的市，青岛西海岸新区和34个国家级开发区分别下放省级行政权力316项、61项、240项、103项。2020年9月，山东省人民代表大会常务委员会通过《山东省优化营商环境条例》，标志着山东优化营商环境工作步入法治化轨道。2021年6月，省政府印发《山东省优化营商环境创新突破行动实施方案》，明确193项具体改革任务、209项节点任务；同时，出台《深化“放管服”改革优化营商环境2021年重点任务分工方案》《关于服务“六稳”“六保”进一步深化“放管服”改革的实施意见》等政策性文件，构建起由点到面、整体衔接的营商环境政策体系。2022年3月，出台《营商环境创新2022年行动计划》，聚焦激发市场主体活力、提升投资贸易便利、推动高质量发展，在19个领域推出了165项改革举措。这一阶段通过健全推进机制、完善政策体系、开展创新突破行动等方式，深化重点领域改革，推动全省营商环境创新提升迈上新台阶。

延伸阅读

山东实现全省“交房即办证”常态化

山东认真总结历史遗留“办证难”问题化解经验，推进“交房即办证”改革，围绕全链流程再造，实现一窗办理、一事全办，惠及企业和百姓。

从交房到办证以前至少需要一年以上的时间，有的甚至交房多年无法办理房产证。为从源头上解决这一问题，山东试点推行“交房即办证”改革。将企业和群众与不动产登记相关的事项进行集成整合，为企业和群众提供就近办、多点办、一事全办，更集成高效，更方便、更简单、更快速，打造全新的不动产登记服务模式。截至 2021 年底，山东共有 717 个项目实现“验收即办证”，872 个房地产项目实现“交房即办证”，惠及群众 28.6 万户，项目和户数在全国名列前茅，获得自然资源部通报表扬。目前，山东已实现全省“交房即办证”常态化。

2021 年 6 月 27 日，济宁市某小区项目二期 6 幢 1224 户业主在交房当天顺利领取了不动产权证。

资料来源：齐鲁网，2022 年 1 月 18 日

（二）山东营商环境创新取得阶段性成效

山东坚持以市场主体和社会公众满意度为导向，狠抓营商环境创新，营商环境建设整体水平位列全国第一方阵。

工作推进机制优势凸显。成立省委、省政府主要负责同志任组长、第一副组长的山东省持续深入优化营商环境和推进政府职能转变领导小组，定期研究部署营商环境工作，统筹协调全省营商环境建设。各级、各部门将优化营商环境作为“一号工程”，主要负责同志亲自部署、亲自协调、顶格推进。全省树牢“一盘棋”意识，使上下统一、步调一致、横向协同、纵向联动的营商环境工作协调推进机制扎实有效。

政策法规体系不断健全。颁布《山东省优化营商环境条例》，实施一批具有标志性、关键性的重大方案，构建起以法规为核心、以政策为主体、以“专项行动”为重点，覆盖政务服务、市场监管、纳税服务、跨境贸易等多个领域的政策法规体系，使优化营商环境工作“有法可依、有规可循、有策可用”，为持续推进营商环境创新提供了法治保障。

营商环境创新亮点纷呈。瞄准“走在全国前列”目标定位，对标全国最优水平，奋力实现超越。打造“无证明之省”，深入实施政务服务“双全双百”工程，推行“集成办”“极简办”“全域办”，增强企业和群众获得感和满意度；推进“一业一证”改革，打造“一证准营，全省通用”新模式；全面提升公共服务数字化水平，大力推广“静默认证”“亮证入学”，实现更高质量的“一网通办”。全国工商联调查结果显示，2020 年到 2021 年，山东省连续两年入选营商环境最好十大省份（含直辖市），分别位列全国第 6 名、第 5 名，稳居全国第一方阵。

（三）营商环境创新是全面推进山东强省建设的重要一环

山东省第十二次党代会提出了全面开创新时代社会主义现代化强省建设新局面的要求。实现强省建设目标，需要继续推进政府职能转变，更好服务经济社会高质量发展，营商环境创新势在必行。

建设高水平服务型政府的需要。加强和改进宏观调控，完善经济调节、市场监管、社会管理、公共服务、生态环保等职能。更大力度向市场、社会、基层放权，推进政务服务标准化、规范化、便利化、数字化。加快“无证明之省”建设，深化“一网通办”“一次办好”“一链办理”，让“跑一次”为上限、“不用跑”为常态，打造手续最简、环节最少、成本最低、效率最高的办事流程。

提高市场综合监管能力的需要。强化竞争政策基础地位，完善市场竞争规则，提高公平竞争审查制度的有效性和约束力，健全统一规范、权责明确、公正高效、法治保障的市场监管执法体系。开展市场准入隐性壁垒清理行动，全面实施市场准入负面清单制度。坚持“法无禁止皆可为”，对新产业新业态包容审慎监管，杜绝“一刀切”执法方式。强化反垄断和反不正当竞争执法力度，防止资本无序扩张，推进能源、交通、电信、公用事业等自然垄断行业竞争性环节市场化改革。

建设诚信山东的需要。强化政务诚信、商务诚信、社会诚信和司法公信等重点领域信用建设，加快建设“信易贷”平台，完善守信联合激励和失信联合惩戒制度。完善信用信息采集、归集、共享、应用等地方标准，全面落实公共信用信息目录和失信惩戒措施清单。加大财政资金、公共资源、环境保护、食药安全等领域信用信息公开力度。

延伸阅读

山东省制定《营商环境创新 2022 年行动计划》

山东省研究制定了《营商环境创新 2022 年行动计划》，聚焦激发市场主体活力、提升投资贸易便利、推动高质量发展，在 19 个领域推出了 165 项改革举措。

深化市场准入负面清单管理，进一步优化企业开办流程，提升银行开户效率，实现开办企业全流程一个环节、零成本、一天办结。深化投资和建设项目审批制度改革，降低制度性交易成本。

落实好外商投资企业国民待遇，健全清除市场准入隐性壁垒长效机制。

优化“山东省稳外贸稳外资服务平台”功能，拓展“双稳平台”企业覆盖面，精准推送有关政策，“一企一策”解决问题，助力企业纾困解难；开展省级跨境电商主体培育工程，每个主体省财政最高给予 50 万元的支持。

深入推进高质量“一网通办”。持续推动政务服务事项全流程网上办理，实现“进一张网，办全省事”，打造“24 小时不打烊”的网上政府。

资料来源：《大众日报》2022 年 3 月 12 日

三 以营商环境创新增强山东经济社会发展创新力

山东发展正呈现由“量”到“质”、由“形”到“势”根本性转变，全省应因势而谋、应势而动、顺势而为，锚定“走在前、开新局”，找准营商环境创新的着力点，不断增强山东经济社会发展创新力。

（一）全面提升企业全生命周期服务水平

围绕开办企业、工程建设项目审批、获得电力、登记财产、纳税、跨境贸易、办理破产等企业全生命周期各个领域，重点在“减环节、减材料、减时限、减费用、增便利”等方面攻坚，力争在便利市场主体准入准营、深化工程建设项目审批制度改革、优化市政服务、提升不动产登记“一网通办”水平、促进跨境贸易便利化、优化纳税服务、提高破产案件处置效率等方面，实现创新提升。

企业开办方面。提升设立登记便利度，全面实行企业开办“全程网办”，持续优化“一窗通”系统，实现开办企业全流程 1 个环节、0 成本、1 天办结。推广电子证照联展联用，推动电子证照一体化、便利化应用，实现营业执照和各类许可证的线上申领、下载展示、全面关联、一码亮证、验证使用，推进所有涉企信息归集“一企一档”、共享共用。推进企业全生命周期服务集成改革，将企业全生命周期关联性强的高频事项进行系统集成，实现“进入一个平台、办企业所有事”。健全清除市场准入隐性壁垒长效机制，清理取消对企业注册及跨区域经营、迁移设置的不合理限制。探索推广代位注销模式，拓展特殊市场主体退出路径。

工程建设项目审批方面。实施社会投资类项目“用地清单制”，加强规划统筹，建设国土空间规划“一张图”，深入推进“多规合一”业务协同。强化项目策划生成，建立策划生成项目库管理机制，对入库项目的排放、能耗、水资源、资金等要素进行统筹。

提升审批服务水平，搭建“多测合一”信息服务平台，分阶段整合测绘事项，规范统一“多测合一”成果，实现测绘成果在线共享应用。着力转变监管方式，完善审管互动机制，推动审批监管信息高质量共享，加强守信激励、失信制约。推行工程建设项目差异化监管，强化对重大风险源和危险源辨识，完成建筑工程质量评价试点。建立完善建筑师负责制，推动建筑师个人执业事务所有序发展。

获得电力方面。优化办电服务流程，对延伸投资界面至用户建筑区划红线的高压电力接入工程，压减接电环节。推广业务线上申请、信息线上流转、进度线上查询、服务线上评价的“物流式”办电模式。拓展电子证照应用，打造“无证明”极简办电模式，推行“彩虹·精致服务”，健全重点项目“一对一”服务机制，完善用电报装服务质量“好差评”体系，持续提升“获得电力”服务水平。持续提升供电可靠性，创新技术手段，推进配电线路标准化建设，提升自愈成功率。推广“分级保护+配电自动化”，精准隔离故障区间，减少停电覆盖范围。坚持“配网先转供、主网再停电”，实现配网“零陪停”。

财产登记方面。持续提升不动产登记便利度，拓展企业不动产登记“全程网办”，依托全省统一身份认证、企业电子签章系统，实现企业不动产登记在线签署、在线承诺、共享信息确认。深化流程再造，推行更多不动产登记事项合并办理，全力推进“一件事，一次办”，深入推进“多测合一”，实现“一张图”共享共用，测绘成果共享互认。围绕企业全生命周期，深化不动产单元代码应用，持续推动不动产单元代码“一码关联”新建项目用地、规划、建设、交易、税收、登记等全链条事项，实现新建项目全过程信息可追溯。强化地籍管理，将三维地籍管理理念和技术方法纳入土地管理、开发建设和管理全过程。

纳税服务方面。提升纳税便利度，拓展“非接触式”办税缴费服务，试点通过非接触式方式向新办纳税人发放税务 UKey，推动新办纳税人办理涉税业务“一次不用跑”。深化“多税合一”申报改革，实现企业所得税和财产行为税一张报表合并申报。创新服务模式，深化大数据分析应用，主动甄别纳税人缴费人，按户生成税费管理服务事项清单和税费台账，精准推送税费政策信息，推动优惠政策落实落地。建立税费服务产品发布前体验机制，根据体验反馈意见建议，改进完善服务产品。提高退税办理效率，优化增值税留抵退税办理流程，实现纳税人留抵退税申请自动提醒和信息自动填报，畅通电子退税渠道，提高增值税留抵退税受理和退款效率。

延伸阅读

山东省陆续出台 2022 年减税降费政策

聚焦创新发展，延续实施高新技术企业城镇土地使用税减半征收政策。

聚焦中小微企业发展，对小规模纳税人“六税两费”（资源税、城市维护建设税、房产税、城镇土地使用税、印花税、耕地占用税和教育费附加、地方教育附加）减按 50% 征收，并将减免范围扩大至小型微利企业和个体工商户。其中，疫情期间继续免征小规模纳税人房产税、城镇土地使用税。

聚焦创业就业，对重点群体和自主就业退役士兵创业就业，按国家最高上浮幅度确定税收扣减标准。其中，从事个体经营的，按每户每年 14400 元为限额扣减；企业招用相关人员的，分别按每人每年 7800 元、9000 元扣减。

聚焦减轻居民和企业负担，停征小型水库移民扶助基金；将防空地下室易地建设费标准降低 10%；降低疾控机构新冠病毒核酸检测收费标准，其中，单人单检由 2020 年的 60 元 / 人次降至 28 元 / 人次；多人混检由 2021 年的 30 元 / 人次降至 6 元 / 人次。

资料来源：山东省财政厅网，2022 年 3 月 30 日

办理破产方面。提高破产审判专业化水平，加强破产审判队伍专业化建设，优化破产管理人选任，突出市场化选任管理人方式。简化破产案件办理流程，对于符合条件的案件一律适用简易程序进行审理，降低破产成本、提高效率。优化企业预重整规则，完善破产预重整制度，有序推动预重整适用。健全中小微企业破产挽救机制，通过破产重整、和解等程序挽救有价值的企业。提升破产审判府院联动效能，建立省级层面府院联动机制，健全完善破产企业不动产处置、涉税事务处理、注销、金融参与和支持等各项制度。法院深化破产领域数字化改革，推进网络司法拍卖，推广网上债权人会议，加强债权人网上投票管理，实现全程可追溯、不可篡改。

跨境贸易方面。深化通关全链条业务改革，提高货物通关效率，推广先期机检、码头直提模式，实现无感快速通关。精简监管证件，合理纳入“单一窗口”办理，实现联网核查。降低货物进出口边际费用，规范口岸收费行为，加强属地监管和行业监管，维护市场主体公平竞争。优化口岸服务，推行国际航行船舶进出口岸

“极简审批”新模式，运行船舶检验、登记新模式以及船载液货“货港海”智能选船机制，提高作业效率。提升跨境贸易管理国际化水平，建设 RCEP 青岛经贸合作先行创新试验基地，升级 RCEP 山东企业服务中心。支持自贸试验区所在地培育国家级进口贸易促进创新示范区，推动进口领域监管制度、商业模式、配套服务等方面制度创新。

（二）全面提升企业投资便利度和吸引力

围绕获得信贷、保护中小投资者、执行合同、劳动力市场监管、政府采购、招标投标等反映投资便利度和吸引力的领域，重点在金融惠企、纠纷化解、权益保护等方面攻坚，力争在强化要素支持保障、健全多元纠纷化解机制、优化就业服务、保障公平竞争等方面，实现创新提升。

获得信贷方面。加大信贷供给，推进“政金企”对接，为重大战略、重点领域、重点项目、薄弱环节和受疫情影响较重的行业领域提供有力支持。强化金融辅导服务，将更多有意愿的市场主体纳入金融辅导，稳步扩大金融管家试点范围。拓展直接融资渠道，推动上交所、深交所山东基地有效运行，推动北交所、全国股转系统山东服务基地落地运行，做好上市公司孵化聚集区试点工作，深入推进企业上市“县域突破”。推动企业提高银行间市场发债能力，支持具备条件的法人银行机构申报发行小微、三农、绿色、双创专项金融债及资本补充债券。强化风险防范化解，前移风险防范端口，稳妥处置金融机构风险，积极推动大型企业债务风险、担保圈风险、债券兑付风险化解。

保护中小投资者方面。深化上市公司治理，推动上市公司完善公司章程及规章制度，完善组织架构，强化规范经营，提升投资者关系管理工作水平。持续保护广大中小投资者知情权、参与权和决策权等权益，推动上市公司、债券发行人提高信息披露质量，建立健全畅通有效的投资者沟通渠道。强化非诉纠纷解决，畅通投资者纠纷非诉解决渠道，建强调解员队伍，发挥中证山东调解工作站作用，持续做好投资者纠纷调解工作。加强对辖区上市公司、持牌证券投资咨询机构等市场主体的监管，规范上市公司现金分红、分类表决、股份回购，从严查处证券违法活动，严厉打击各类违法违规乱象，切实保护投资者合法权益。

执行合同方面。完善多元解纷体系，推动村居法律顾问全部入驻人民法院调解平台，加快推进建设工程纠纷“评调裁”一体化，加强全省劳动人事争议“总对总”和中小企业联合会在线诉调对接机制建设，实现相关案件诉前调解分流。探索民商事纠纷中立评估机制，推进民商事纠纷中立评估改革，建立相关领域诉前中立评估模式。深入推动全流程无纸化网上办案，建立健全一体化要素式审判机制，实现常见案由裁判文书自动辅助生成。健全财产保全执行制度，防止财产保全执行超标的、超范围查封，严格控制案款认领、提存、发放等重点环节时间。将拖欠中小微企业账款案件纳入快立快审快执“绿色通道”，依法加大失信惩戒力度。

劳动力市场监管方面。全面落实就业优先政策，打好“降、缓、返、补”政策组合拳，全力抓好高校毕业生就业，加强高校就业创业金课和职业生涯咨询室建设，加大学徒培训、技能研修、职业培训力度，助力毕业生提升就业技能。提升就业服务质效，推动公共就业服务下沉提效和城乡公益性岗位扩容提质，落实就业困难人员优先帮扶政策。打造“数字社保”，深化信息化便民服务，拓宽静默认证、免申即享、政策找人等应用场景，拓展“零跑腿零感知零打扰”服务模式。落实新就业形态劳动者权益保障政策，推广灵活就业人员意外伤害保险补贴。严厉打击欠薪行为，保障农民工工资支付，做好劳动人事争议调解仲裁，切实维护劳动者合法权益。

政府采购方面。规范市场秩序，清理政府采购中的各种隐性壁垒及妨害公平竞争的行为，破除区域分割和地方保护等不合理限制。优化采购流程，推行政府采购“告知承诺制”，有效降低供应商参与成本。规范多频次、小额度采购活动，推行政府采购框架协议采购方式。提高政府采购支持中小企业发展的预留份额，对非预留份额采购包给予小微企业价格优惠。发挥政府采购合同融资效能，扩大合同融资覆盖面，提高中小企业首贷获得率和信用贷款比例，为中小企业“贷”来“真金白银”。建设政府采购全流程诚信体系，健全政府守信践诺机制，推行代理机构综合信用评价，建立失信“红黄牌”制度，推动实现政府采购信用“价值化”。

招标投标方面。推动招标投标全流程电子化，深入推进电子交易平台建设，探索在线签订和变更合同，实现“不见面交易”常态化。建立招标计划提前发布制度，对国有资金占控股或主导地位企业依法必须招标的项目，提前发布招标计划。优化招投标流程，取消水利工程施工招标条件中“监理单位已确定”的条件，推行水利工程在发布招标公告时，同步提供资格预审文件。推进数字证书（CA）向移动端延伸和线上办理，推动公共资源交易领域数字证书兼容互认，实现“一把CA走山东”。强化招投标领域信用体系建设，开展信用评价，完善信用分级管理，推动信用评价结果在招标投标活动中应用，对列入有关部门黑名单的失信主体实施限制措施。

（三）全面提升政府监管服务能力

围绕政务服务、知识产权创造保护运用、市场监管、包容普惠创新等反映政府监管与服务水平的领域，重点在提升服务能力、健全监管体系、激发创新创业活力等方面攻坚，力争在塑强“爱山东”政务服务品牌、加强知识产权保护、加快科技创新、优化基本公共服务等方面，实现创新提升。

政务服务方面。塑强“爱山东”政务服务品牌，建设统一规范、公平普惠、便捷高效的政务服务体系，全面提升政务服务标准化、规范化、便利化、数字化水平。建立健全“一张清单管到底”工作机制，实现高频政务服务事项全省无差别受理、同标准办理。优化线上办事服务，提升政务服务事项网上办理深度，实现更多事项“网上办”“掌上办”。强化线上线下服务深度融合，实行业务办理全流程模块化改造，实现线上线下自由切换，桌面端、移动端、窗口端、自助端四端体验一致。深化政务服务“双全双百”工程，推动实现更多“一件事”一次办好。建设全省一体化“居民码”“企业码”服务体系，“居民码”“企业码”全面关联各类行业许可电子证照证明，推动电子证照一体化、便利化应用，实现多码融合、统一亮码。强化数字技术在政务服务领域的应用，持续完善电子证照和统一身份认证功能，加强数据整合共享，加快推动政务服务向数字化转型。

延伸阅读

山东打造“无证明之省”

山东省2022年工作动员大会提出，建设“无证明之省”，扩大电子证照应用范围，建立全省统一的“企业码”“居民码”，努力实现免证办事、一码通行。

在济南、青岛、日照、淄博、滨州、枣庄、济宁等“无证明城市”探索的基础上，山东由点及面、结链成网，全面提升公共服务数字化水平，建设“无证明之省”，体现了山东打造全国一流高效政务环境的决心和魄力。

“无证明”不等于“零证明”或不需要证明，而是指群众和企业在省内办理业务需要提供证明、证照时，可通过告知承诺、电子证照、数据共享、网上开具或帮办代办等方式，无须本人、本单位再自行开具、出示或提交相关证照、证明材料。简单说，“无证明”需“一增一减”：增加政府系统内部数据流通的“麻烦”，减少老百姓和市场主体开具并提供证明的繁琐程序。

“一增”，必须打破部门壁垒，实现数据有效联通。建成“无证明之省”，意味着“电子证明”及相关数据要在各部门间、不同场景中的自由使用和调取。政务服务要想顺利抓取数据，首先要打破部门间的壁垒。2020年以来，全省大力推进证照数据归集工作，基本实现存量证照数据“应归尽归”。

“一减”，必须找准老百姓和市场主体办事痛点堵点难点，既要省去老百姓提供证明的过程，还需要减去那些不需要的证明。

资料来源：《大众日报》2022年2月14日

知识产权创造保护和运用方面。完善知识产权公共服务体系，建设“全链条、全领域、一站式”知识产权服务大厅，打造“一窗通办”的知识产权综合服务。围绕“十强产业”关键核心技术，实施一批专利导航项目，支撑产业技术攻关和创新发展。试点实施专利开放许可，促进专利“一对多”快速许可，有效拓宽转化运用渠道。完善知识产权质押融资机制，推动知识产权质押融资“入园惠企”，支持企业技术成果和知识产权价值快速转化。加大知识产权司法保护力度，在重点开发区（园区）增设巡回审判庭。制定全省重点地理标志监管清单，共建共享黄河生态经济带9省（区）重点地理标志保护名录，开展沿黄9省（区）地理标志联合保护行动。

市场监管方面。统筹推进重点监管和“双随机、一公开”监管，探索建立重点监管事项清单制度，依法依规实行重点监管。推广“标签式监管”，按照行业、区域、风险和信用等条件，为抽查事项、检查对象设置关键性标签标识，提高问题发现能力和监管精准度。深入推进“互联网+监管”，健全“互联网+监管”系统风险预警线索的接收、推送、处置和反馈机制，开展预警模型建设，推动适合非现场监管的事项向“不见面监管”的“云检查”转变。推进企业信用风险分类管理，为守法诚信企业打造良好环境，让监管对违法失信者“无处不在”，对诚信守法者“无事不扰”。在部分重点领域，探索实行“综合监管一件事”，提高综合监管效能。

创新创业活跃度方面。建强技术创新中心网络，争建国家技术创新中心，聚焦战略布局，突出科技型龙头企业主体地位，加强产学研协同攻关，扩大省级技术中心建设网，织密市级技术创新中心网，形成国家、省、市技术创新中心体系。对中小微企业和创业（创客）团队购买科技服务提供高标准创新券补贴，推行创新券跨区域

“通用通兑”，提升创新券使用效益。加强科技型企业梯次培育，为中小微企业升级高新技术企业提供财政补助资金，壮大科技型企业群体规模，提高高新技术企业发展质效。

人才流动便利度方面。畅通引才渠道，深入实施“万名博士、十万硕士、百万大学生”创业齐鲁计划，吸引集聚更多海内外英才来鲁创新创业。创新高层次人才培育，探索设立“山东博士后科学基金”，扩大“省博士后创新人才支持计划”规模，推进“两站一基地”扩量提质。创新技能人才培育，实施“技能兴鲁”百万工匠培育行动，大力培育能工巧匠、大国工匠。提升人才服务标准化水平，实现高层次人才服务同标准供给、无差别办理、一体化服务。拓宽“惠才卡”覆盖范围，优化绿色通道服务，擦亮“山东惠才卡”服务招牌。

市场开放度方面。优化投资环境，全面贯彻落实《外商投资法》及其实施条例，严格落实外商投资准入负面清单和《鼓励外商投资产业目录》。健全外商投诉处理机制，切实维护好外资企业的

山东深化中日韩地方经贸合作机制，建设中德、中欧特色产业园，拓展与《区域全面经济伙伴关系协定》（RCEP）成员国地方经贸合作，加强与港澳台交流合作。图为山东省威海市中韩自贸区地方经济合作示范区内的国际经贸交流中心。 图片来源：大众网

合法权益。建立国际物流纾困常态化解决机制，统一受理外贸企业国际物流诉求，“一企一策”跟进解决企业诉求。建立重大外资项目评价机制，为项目建设提供全方位要素资源保障，推动重大项目落地。深化跨国公司沟通交流，搭建与跨国公司高层沟通的平台，建立常态化联系机制，畅通沟通交流渠道，扩展合作领域。

第四章 加强数字变革创新

党的十八大以来，习近平总书记就建设网络强国、数字中国、智慧社会等发表一系列重要讲话、作出一系列重要部署。党的十九大报告明确提出“建设网络强国、数字中国、智慧社会”战略目标。《中华人民共和国国民经济和社会发展第十四个五年规划和 2035 年远景目标纲要》设立专篇对“加快数字化发展 建设数字中国”作出重要部署，这为山东推动数字化变革，建设数字强省指明了前进方向，提供了重要遵循。山东坚决贯彻落实习近平总书记重要指示要求，围绕国家重大战略部署，将数字化融入“八大发展战略”“九大改革攻坚行动”“十强现代优势产业集群”，加强组织领导，深化资源整合，发力平台建设，突出产业赋能，加快流程再造，强化数字惠民，推动数字强省建设一步步走深走实。

一 数字变革创新的时代背景

随着云计算、大数据、物联网、移动互联网等新一代信息技术的快速发展，数字化正全面融入人类经济、政治、文化、社会等各个领域，给人类生产生活带来广泛而深刻的影响，日益成为推动经济社会发展、提升国家治理体系和治理能力、满足人民群众美好生活需要的重要驱动力。

（一）数字变革的概念内涵

数字变革是利用数字化的手段整体驱动生产方式、生活方式和治理方式变革，加速政府、经济、社会等各领域数字化转型，推动建设数字政府、发展数字经济、构建数字社会以及夯实数字基础设施的变革过程，既是催生新动能、增创新优势的关键之举，更是建设数字强省、智慧山东的必由之路。

数字政府，可以理解为一种数字化的政府形态，表面上是实体政府在虚拟空间的映射，本质上是对政府组织架构、运行机制、管理模式、服务方式的重塑。对政府而言，不是简单地把互联网、大数据、人工智能等信息技术运用到政府的管理和服务中，而是一场深层次、全方位的变革。数字政府建设是全面数字化发展的基础性、先导性工程，是推动社会经济高质量发展、再创营商环境新优势的重要抓手和重要引擎，对于发展数字经济、构建数字社会、完善数字生态起到关键的引领作用。

数字经济，是继农业经济、工业经济之后的又一主要经济形态，是以数据资源为关键要素，以现代信息网络为主要载体，以信息通信技术融合应用、全要素数字化转型为重要推动力，促进公平与效率更加统一的新经济形态。发展数字经济意义重大，是把握新一轮科技革命和产业变革新机遇的战略选择。数字经济正推动生产方式、生活方式和治理方式深刻变革，成为重组全球要素资源、重塑全球经济结构、改变全球竞争格局的关键力量。

数字社会，影响着群众生活的方方面面，涵盖范围相当广泛，既包括教育、医疗、就业、社保、医保、文化、体育、养老、救助以及群众衣食住行等领域数字化，也包括在新型智慧城市和数字乡村建设中，吸引社会力量共同参与，促进公共服务和社会运行方式创新，构筑全民畅享数字生活新图景的实践探索等。加强数字社会建设，对于优化社会服务供给、创新社会治理方式，具有重大而深远的意义。

数字基础设施，既包括“网、云、端”等信息基础设施，也包括能源、交通、水利、市政等传统基础设施数字化改造。数字基础设施深度融合了技术与应用场景，催生了产业变革，激发了经济活力，从短期来看，是抗击疫情、应对经济下行压力的有力举措；从长期来看，是建设网络强国、应对百年未有之大变局的战略部署。

（二）数字变革的趋势分析

从国际来看，数字化发展势不可挡。以大数据、云计算、人工智能等为代表的新一代信息技术蓬勃发展，数字化越来越成为推动经济社会发展的核心驱动力，重新定义生产力和生产关系，加速推动生产方式、组织形式、商业范式和创新模式深刻变革。美国、欧盟、英国、日本等发达国家和地区纷纷将数字化转型发展作为推动可持续发展、提升全球竞争力的共同选择，聚焦创新驱动，强化政策引导，着力推动技术创新突破、产业融合应用、数字治理完善、数字技能提升，积极抢占战略制高点。全球协力抗击新冠肺炎疫情，不仅拓展了数字技术与实体经济融合发展的深度和广度，也为数字化转型发展带来了巨大需求动力。数字技术与经济社会各领域融合发展带来的效率提升，让全球推动数字化转型发展的共识达到新高度。

从国内来看，数字化进程全面提速。党的十八大以来，以习近平同志为核心的党中央高度重视数字化发展，提出实施国家大数据战略，对建设网络强国、数字中国、智慧社会作出一系列重大战略部署，重视程度之高、推进力度之大前所未有。党的十九大报告以及十九届四中、五中全会等重要会议和文件中，对数字化发展提出了一系列要求。中共中央政治局先后围绕网络强国战略、国家大数据战略、人工智能、区块链、量子科技、数字经济等开展集体学习，数字化发展被提升到一个崭新高度。同时，新冠肺炎疫情发生后，人们对网络、信息化的依赖更加直接，数字化需求激增，“网上办公”“网上教育”“网上医疗”“网上购物”等新业态、新模式迅速兴起，数字化发展形势更加迅猛。

近几年，国内先进省、市纷纷加快数字化发展步伐，系统谋划、强力推进，呈现出你追我赶的激烈局面。例如，广东省率先在国内开展“数字政府”改革，积极推动“数据上云，服务下沉”，突出“政务服务掌上集成”，先后推出“粤省事”“粤商通”“粤政易”等政务平台，推进政务服务“指尖革命”，打造一体化“掌上政府”。浙江省将数字经济作为“一号工程”，将工业互联网作为推动制造业数字化转型的关键支撑，打造“1+N”工业互联网平台体系，以数字化改革为总牵引，着力构建治理精准、服务智慧、决策科学、管理有效的数字政府，推动“掌上办事之省”“掌上办公之省”建设。江苏省大力推行“不见面审批（服务）”改革，并把智能化改造、数字化转型作为重要抓手，加快工业设备和业务系统上云上平台。上海市聚力推进城市数字化转型，全力推进“一网通办”“一网统管”，加快建设具有世界影响力的国际数字之都。

从山东来看，数字化变革前景广阔、大有可为。当前，黄河流域生态保护和高质量发展等一系列国家战略在山东叠加布局，新旧动能转换步入“五年取得突破、十年塑成优势”关键节点，乡村振兴、

数字强省宣传月“云端”科技大秀。　　图片来源：闪电新闻

海洋强省等重大战略深入实施，为数字化发展提供了宽广舞台，将有力引领和支撑数字强省建设。山东产业门类齐全，实体经济雄厚，以数字化赋能传统产业，将迸发出源源不断的新动能，创造高质量发展的更大优势。山东户籍人口和常住人口“双过亿”，在线教育、远程医疗、智慧养老等市场需求旺盛，这将不断催生新技术新产业新业态新模式，并迅速形成技术先发优势和市场规模优势。

二　山东数字变革取得新进展

近年来，山东深入贯彻落实习近平总书记关于网络强国、数字中国、智慧社会和实施国家大数据战略等重要指示要求，坚持高起点谋划、高标准要求、高质量推进，成立由省委书记、省长任双组长的数字强省建设领导小组，大力推动数字变革创新，经济社会各领域数字化转型发展迈出新步伐，数字赋能高质量发展取得积极成效。

（一）顶层设计逐步完善

围绕数字山东建设“干什么、怎么干”，加强工作谋划和系统设计，从制度层面初步搭建起数字山东建设的“四梁八柱”。持续强化制度供给，编制出台数字强省建设规划，并在数字政府、数字经济、新型智慧城市、数字乡村、数字基础设施建设等领域出台系列政策文件，政策引领效应开始显现。法规标准体系不断健全，出台省内首部大数据领域的地方法规，制定系列细分领域省政府规章，实施数字山东标准提升工程，累计发布地方标准和工程标准 380 余项。

延伸阅读

数字强省建设领域相关政策文件

地方法规：《山东省大数据发展促进条例》。

政府规章：《山东省电子政务和政务数据管理办法》《山东省健康医疗大数据管理办法》《山东省公共数据开放办法》。

省政府文件：《数字山东发展规划（2018—2022 年）》《山东省“十四五”数字强省建设规划》《关于塑强“爱山东”政务服务品牌全面推进政务服务体系建设的实施意见》。

省政府办公厅文件：《山东省数字政府建设实施方案（2019—2022 年）》《山东省支持数字经济发展的意见》《关于加快推进新型智慧城市建设的指导意见》《关于山东省数字基础设施建设的指导意见》《山东省新基建三年行动方案（2020—2022 年）》《深化数据赋能建设“无证明之省”实施

方案》《山东省政务服务"一链办理"实施方案》《关于加快推进政务服务"跨省通办"和"全省通办"的实施意见》《关于印发山东省政务服务"双全双百"工程实施方案的通知》。

部门相关文件：《山东省数字机关建设工作方案》《2022年度"爱山东"政务服务平台移动端建设运营工作方案》《山东省"居民码""企业码"平台建设工作方案》《山东省"十四五"大数据产业发展规划》《山东省新型智慧城市试点示范建设工作方案》《山东省数字乡村发展战略实施意见》《山东省数字乡村发展行动计划（2022—2025年）》《关于加快构建山东省一体化大数据中心协同创新体系的实施意见》。

资料来源：山东省大数据局

（二）数字政府建设深入推进

从破除"信息孤岛""数据烟囱"入手，持续加大统建统管力度，先后组织开展政务信息系统整合共享、"统云、并网、聚数"三大攻坚行动和"一个平台一个号、一张网络一朵云"建设，全省统一的数字政府基础支撑更加坚实，政务云网集约水平、数据汇聚成效和共享开放水平走在全国前列。深入推进"互联网＋政务服务"，运用大数据驱动流程再造，建成省市一体化在线政务服务平台，开通全省政务服务"一网通办"总门户，实现省、市、县、乡、村"五级贯通"，事项可网办率超过90%、全程网办率超过80%。建成全省统一的"爱山东"移动政务服务总门户，接入服务事项超过1万项，注册用户突破9000万，日活跃用户数峰值达到500万，基本实现"一部手机走齐鲁"。大力推进网上办事，推广应用全省一体化协同办公平台和“山东通”移动办公平台，建成全省统一的非涉密视频会议系统，各级各部门的组会能力和会议效率大幅提高。扎实开展国家电子证照应用试点，身份证、社保卡、驾驶证、营业执照等500多类电子证照可以实现“手机亮证”，全省电子证照累计应用2.6亿多次，大大方便了群众和企业办事。山东电子证照应用支撑体系获得“2021数字政府卓越成就奖”。围绕推进治理体系和治理能力现代化，积极推动大数据在公共卫生、平安山东、生态治理、应急处置等领域的融合应用，扎实开展“互联网+监管”，建成国土空间“一张底图”，数字生态治理成效明显。统筹政务数据和社会数据，开展基于大数据的关联分析和融合应用，启动建设一体化综合指挥平台，更好辅助宏观决策。加快构建全层级、多维度、立体化的网络安全防护体系，定期开展“鲁数网安”攻防演练，安全防控能力明显提升。数字政府的底座越来越牢固、创新应用越来越多，大数据支撑和驱动流程再造、业务重塑、制度创新的作用越来越明显。2021年，数字中国省级指数、数字政府建设指数、数据开放指数，山东均居全国第3位。

（三）数字经济发展步伐加快

围绕八大发展战略，山东大力发展数字经济，推动数字经济与实体经济融合发展，数字经济的新引擎作用愈加凸显。2021年，全省数字经济总量突破3.5万亿元，居全国第3位，占GDP比重超过43%。一方面，数字产业化加速发展。数字经济核心产业持续走强，成为新旧动能转换的重要引擎。拥有济南中国软件名城、青岛中国软件特色名城，海尔、海信、浪潮、东方电子、中创等企业入围全国软件百强，2021年软件业务收入突破7970亿元，列全国第5位，收入同比增长 29.3%。浪潮集团服务器销量全国第一、全球第三，歌尔股份公司中高端虚拟现实产品市场占有率全球第一。互联网行业发展势头渐盛，电子商务、网络视听等领域创新活跃，浪潮、山东开创、海看网络等企业进入全国互联网百强。另一方面，产业数字化动能强劲。大力推进“现代优势产业集群 + 人工智能”，传统产业数字化转型发展势头迅猛。加快发展智能制造，信息化与工业化融合发展水平在全国排名第二。山东半岛工业互联网示范区成为全国第二个示范区，实施“个十百”工业互联网平台培育工程，共培育省级工业互联网平台 115 个，海尔卡奥斯、浪潮云洲连续入选国家跨行业跨领域平台，2022 年新增橙色云、蓝海两个平台，总量位居全国第三。加快发展数字农业，认定各类智慧农业应用基地 350 余个，在全国率先开展现代化海洋牧场建设综合试点，国家级海洋牧场示范区数量占全国总量的 39.7%。新零售、“宅经济”等数字服务新业态新模式实现较快增长，培育国家级电子商务示范基地 11 个、国家电商进农村综合示范县 26 个，淘宝村数量达 801 个，多元化电子商务示范体系初步成型。

延伸阅读

数字经济相关概念

数字产业化：也称为数字经济基础部分，即围绕数据归集、传输、存储、处理、应用等全流程，形成的有关硬件、软件、终端、内容和服务产业，涉及领域包括电子信息制造业、软件和信息服务业以及大数据、云计算、人工智能等新一代信息技术产业。

产业数字化：也称为数字经济融合部分，即新一代信息技术与传统产业广泛渗透融合，促进产出增加和效率提升，催生新产业新业态新模式，主要包括以智能制造、智能网联汽车为代表的制造业融合新业态，以移动支付、电子商务、共享经济、平台经济为代表的服务业融合新业态。

工业互联网：是新一代网络信息技术与现代工业融合发展的新产业和应用生态，是工业经济数字化、网络化、智能化的重要基础设施，是互联网从消费领域向生产领域、从虚拟经济向实体经济拓展的核心载体。

工业互联网平台：是面向制造业数字化、网络化、智能化需求，构建基于海量数据采集、汇聚、分析的服务体系，支撑制造资源泛在连接、弹性供给、高效配置的工业云平台。

新零售：以互联网为依托，通过运用大数据、人工智能等先进技术手段，对商品的生产、流通与销售过程进行升级改造，进而重塑业态结构与生态圈，并对线上服务、线下体验以及现代物流进行深度融合的零售新模式。

资料来源：山东省工业和信息化厅

（四）数字社会构建全面发力

坚持需求导向、数据驱动，以业务应用为抓手，加快推进社会各领域数字化、网络化、智能化。分级分类推进新型智慧城市建设，建立全国首套分级分类的新型智慧城市建设地方标准，16 个设区市、76 个县（市、区）开展省级新型智慧城市建设试点。组织开展“问需于民”活动，推动各市县开展“一市一品牌、一县一特色”创建。组织开展智慧社区建设提升行动，首批遴选打造301个省级支持建设的智慧社区。组织建立省会、胶东、鲁南经济圈智慧城市区域联盟，形成全省智慧城市协同发展格局。在青岛召开首届中国新型智慧城市建设峰会。推进数字乡村建设，4个县（市、区）纳入国家试点。实施“数聚赋能”行动，省市县共联动打造了2000余个应用场景，其中300个典型应用场景和200多个优秀解决方案在全省推广，一批场景得到国家部委肯定并宣传推广。数字校园建设覆盖率达100%，“互联网+医疗健康”示范省建设加快推进，全省统一的“互联网+医保+医疗+医药”综合服务保障体系不断完善，公共就业人才服务智能化程度显著提升，文化馆数字化服务不断丰富，构建起集吃、住、行、游、购、娱于一体的智慧旅游服务矩阵，“互联网+体育”快速发展，无感化、电子化高速收费和停车收费全面推行，全省社区居家养老、社会救助智慧化水平明显提升。

（五）数字基础设施持续升级

系统谋划、统筹推进“网、云、端”新型基础设施建设和交通、能源、市政、水利等传统基础设施数字化改造。“宽带山东”战略深入实施，全省所有城区、行政村实现100%光纤覆盖，行政村4G网络覆盖率达100%。全面提速5G网络布局和商用步伐，截至2022年9月全省建成开通5G基站16万个，16市主城区实现5G网络连续覆盖，136个县（市、区）实现重点城区连续覆盖。建成开通济南、青岛两个国家级互联网骨干直联点。加快推进数据中心建设，全省累计建成公共数据中心220个、标准机柜24.5万个，国家超级计算济南中心、青岛海洋超算中心的运算速度和水平位于国内前列，启动建设“1+3+33”全国一体化大数据中心山东工业云。在济南举办首届中国算力大会。物联网终端用户超过 1.35 亿户，居全国第 4 位，累计流量达 6.66 亿 GB，居全国第 1 位。交通、能源、水利、市政等传统基础设施数字化改造全面推进，其中青岛港集装箱装卸智能化水平领先全国。

首届中国算力大会由工业和信息化部与山东省人民政府共同主办，以“算赋百业·力导未来”为主题。图为 2022 年中国算力大会主会场。 图片来源：大众网

在获得成绩的同时，必须清醒看到，还存在许多不足，主要是：数字政府方面，各级、各部门数字化发展不平衡，工作水平参差不齐；政务云网支撑能力不足，数据汇聚共享和治理水平有待提高；“互联网 + 政务服务”有待深化，“一网通办”“掌上通办”还有提升空间，大数据辅助科学决策和精准治理机制有待健全。数字经济方面，数字经济占比、增速等指标排名较低，整体竞争力不强，2021 年数字经济核心产业增加值仅占全省 GDP 的 6%、规模及税收仅排全国第七；数字化、网络化、智能化基础普遍比较薄

弱，缺少有效支撑中小企业数字化转型的云服务，“上云用数”难的问题相对比较突出。数字社会方面，公共服务数字化供给与群众日益增长的美好数字生活需求相比还不相适应，群众的获得感还不强。数字基建方面，数据中心总体规模方面与先进省市还有较大差距，信息基础设施、融合基础设施之间协调不足，“云、网、边、端”融合协同能力不强，数据中心、云计算与边缘计算协同不足。

三 以数字变革创新推进数字强省建设

2022 年，山东省第十二次党代会提出要加快数字政府、数字社会、智慧城市、数字乡村建设，打造数字强省、智慧山东，吹响了数字强省建设的冲锋号，开启了山东数字化发展的新征程。推动数字变革创新，需要着眼于数字强省、智慧山东这一目标，加快数字政府、数字经济、数字社会等建设工作，推动生产方式、生活方式和治理方式的数字化转型。

（一）打造整体高效的数字政府，加速治理方式变革

2022 年 4 月 19 日，习近平总书记在主持召开中央全面深化改革委员会第二十五次会议研究数字政府建设工作时指出，加强数字政府建设是创新政府治理理念和方式的重要举措，对加快转变政府职能，建设法治政府、廉洁政府、服务型政府意义重大。

当前，山东数字政府建设进入全面深化提升阶段，工作重心转向场景牵引、数据驱动、智能高效。加快政务服务模式重构，推动政府治理范式重塑，推进机关运行流程再造，努力打造整体、泛在、高效、透明的数字政府“齐鲁样板”，将成为下一步工作重点。

加快政务服务模式重构。习近平总书记指出，要把满足人民对美好生活的向往作为数字政府建设的出发点和落脚点，打造泛在可及、智慧便捷、公平普惠的数字化服务体系。当前，“一网通办”“全省通办”“跨省通办”趋势加快，“掌上办”“指尖办”更是成为政务服务的标配。下一步重点是围绕发展所需、基层所盼、民心所向，大力推动数字技术与政务服务深度融合，全面深化“互联网＋政务服务”，统筹PC端、移动端、窗口端、自助端等多渠道服务，推动线上线下深度融合，企业和群众找政府办事“线上只进一网（一端）、线下只进一窗”，建设“24小时不打烊”的“网上政府”“掌上政府”，让企业和群众办事足不出户就能办、动动手指就能办、随时随地就能办。围绕企业和群众办事需求，用数据流打通业务流，用数据链再造业务链，推动政务服务流程再造、业务重构、规则重塑，做到极简办、全域办、集成办，让“数据多跑路、群众少跑腿”成为常态。

推动政府治理范式重塑。习近平总书记指出，要以数字化改革助力政府职能转变，统筹推进各行业、各领域政务应用系统集约建设、互联互通、协同联动，发挥数字化在政府履行经济调节、市场监管、社会管理、公共服务、生态环境保护等方面职能的重要支撑作用，构建协同高效的政府数字化履职能力体系。以往政府治理的“痛点”“难点”，往往是数据的“盲点”，一些关键数据的缺失导致无法科学有效决策。随着经济社会各领域数字化转型的深入，大数据能够助力扫除“盲点”，进而精准找到解决问题的最佳办法。新冠肺炎疫情处置，是对治理体系和治理能力的一次大考，也充分展现出大数据的重要价值。大数据将成为党委、政府最可靠、最有效的治理工具，实现从经验治理向数据治理、从被动响应型治理向主动预见型治理的转变，社会治理将变得更加敏锐、前瞻、真实、无微不至。

“十四五”时期，要通过建设“一网统揽”综合慧治平台（一体化综合指挥平台），建立健全大数据辅助科学决策和精准治理机制，充分发挥大数据在态势感知、综合分析、预警预测等方面的重要作用，以数据创新应用驱动治理理念、治理手段、治理模式变革，推进政府决策科学化、市场治理精准化、安全防控一体化、生态治理协同化、基层治理精细化，全面提升政府决策和履职能力，加快建成精准高效、智慧和谐的数字化治理体系，打造精准智治之省。重点推进“互联网＋监管”，推动实现多部门、全领域联合监管常态化，逐步构建集动态监测、科学分析、风险预警、辅助决策等功能于一体的智慧监管体系。

延伸阅读

“一网统揽”综合慧治平台（一体化综合指挥平台）

平台建设总的思路是以全省“一个平台一个号、一张网络一朵云”为依托，按照统揽全局、指挥各方的定位，整合各级各部门指挥调度和综合运行类系统及相关数据资源，建设集综合指挥调度、数据汇聚应用、风险防范预警、事件应对处置、服务科学决策等功能于一体的综合指挥平台，及时掌控全省各层级、各方面重要动态和突发状况，做到横向上部门互联、纵向上各级贯通，为各级各部门统一调度指挥和科学决策提供支撑，实现“一屏观全省，一网管全省”。

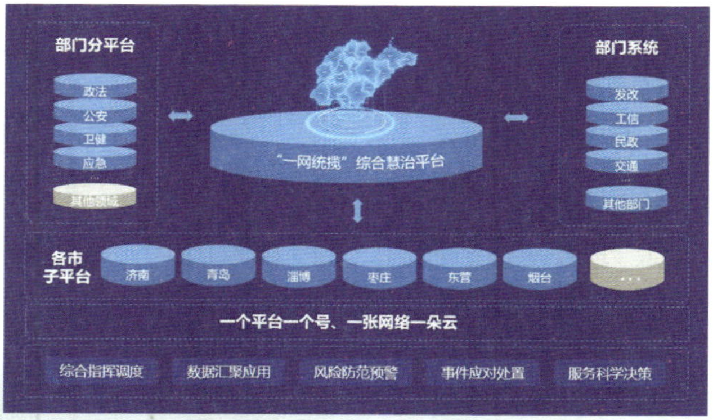

“一网统揽”综合慧治平台

资料来源：山东省大数据局

推进机关运行流程再造。近年来，随着“放管服”改革和优化营商环境的持续推进，各级各部门面向公众提供的公共服务数字化水平不断提高，老百姓和企业办事越来越方便。与之相比，不同地区、不同部门之间数字机关建设水平发展还不均衡，机关内部办公网办率、掌办率还不太高。以数字化驱动机关运行业务重塑、流程重造、模式重构，全方位、一体化、深层次推动党政机关数字化改革，打造整体协同高效的数字机关变得尤为迫切。实现这一目标，要全面梳理职责业务事项、流程、系统、数据，做到“业务—系统—数据”相匹配，夯实机关数字化、协同化基础。做大做强“山东通”协同办公平台，建成功能完备、应用集成的全省统一办公平台，全面支撑机关办文、办会、办事“网上办、掌上办”，实现各级党政机关及工作人员移动办公应用全覆盖。实施机关内部“一件事”集成改革，推动机关运行流程再造，用“数据链”再造“业务链”，让“数据跑”代替“人工跑”，加快实现机关内部事项高效协同办理。

实施数字政府强基工程。基础不牢，地动山摇。在数字政府建设中，没有强有力的底座支撑，数字政府的“摩天大楼”是支撑不住的，也是不牢固的。建设数字政府，首先要夯实数字底座。“十四五”时期，山东将持续深化“一个平台一个号、一张网络一朵云”建设，不断提升政务云网集约化水平，推进一体化大数据平台等通用平台建设，不断丰富统一身份认证、统一电子证照、统一电子印章等共性应用支撑，打造统一的数字政府基础支撑体系，为各级各部门业务应用提供丰富的共性应用支撑。

政务云网平台建设方面，主要是把握云网发展趋势，进一步优化提升政务云网支撑能力，实施“全省一朵云 2.0”提升工程，打造“一切皆云”的数字政府基础底座；加快建设泛在、柔性、智慧的新型政务网络，实施政务外网“一网多平面”升级工程，全面打造“政务网络高速公路”。一体化大数据平台建设方面，省、市、县和有关行业领域协同发力，构建全省一体化大数据平台，将各级各部门公共数据资源全部纳入统一管理，推动数据、算法、服务等共建共享共用，打造全省政务数据和社会数据深度融合应用的“数据中枢”，为全社会开发利用公共数据提供一体化、智能化服务。公共视频监控平台建设方面，健全视频监控资源统筹建设管理机制，全方位整合综合治理、公共安全、应急、水利、交通等各领域视频资源，实现全省重点领域、重点区域视频资源“应汇尽汇”，推动全省公共视频监控建设集约化、联网规范化、应用智能化，打造全场景、全感知、全关联、全流程的视频资源交换中枢和“视频数据 + 业务数据”的视慧融合大脑，实现全省视频资源“看得见、看得清、看得远、看得懂”。

延伸阅读

政务云网概念

政务云：是指政府主导建设、使用的云计算平台，相对于传统的各部门分散建设数据中心模式，政务云可以充分发挥云计算虚拟化、高可靠性、高通用性、高可扩展性及快速、按需、弹性服务等特征，为各级政务部门非涉密领域的政务信息系统运行提供集中的基础设施、支撑软件、应用系统、信息资源、运行保障、信息安全等支撑服务。一方面可以避免重复建设、节约财政资金，另一方面可以有效促进政府各部门之间的互连互通、业务协同，避免产生“信息孤岛”。

全栈云：是指可以提供覆盖基础设施层服务（IAAS）、软件平台层服务（PAAS）、数据层服务（DAAS）、应用层服务（SAAS）等各层级服务，就像是打造“中央厨房”，不但统一提供炉灶，还提供锅碗瓢盆、调味品，甚至半成品或成品的食材，可以为客户快速提供服务，成本低、效率高，各部门部署信息系统时，不用再建设所有功能模块，根据需求直接到云中选取即可，省时、省工、省钱。

“全省一朵云 2.0”：具有全栈服务能力的省政务云创新节点，能够提供分布式数据库、人工智能、微服务、GIS 等高层级服务供给和云原生服务能力，实现多层级全栈服务、跨节点统筹管理、智能化实时监管的政务云服务。

“一网多平面”网络：通俗理解，就是在一条路上划分多个专用车道，保障各类数据各行其道、畅通无阻。

资料来源：山东省大数据局

（二）发展融合创新的数字经济，引领生产方式变革

习近平总书记强调，发展数字经济是把握新一轮科技革命和产业变革新机遇的战略选择，要充分发挥海量数据和丰富应用场景优势，促进数字技术与实体经济深度融合，赋能传统产业转型升级，催生新产业新业态新模式，不断做强做优做大数字经济。“十四五”时期是数字经济发展的“黄金期”，要抢抓发展机遇，加快推动数字产业化、产业数字化，实现一、二、三产业重点行业领域数字化改造全覆盖，打造具有国际竞争力的数字产业集群，建成全国数字经济发展示范区。

打造数字科创高地。围绕人工智能、操作系统、大数据、网络空间安全和5G等关键领域中的核心科学问题、新兴前沿交叉领域中的重大科学问题，开展前瞻性基础研究和应用基础研究，发挥科技创新对经济社会数字化转型发展的支撑带动作用。立足数字产业发展需求，布局建设一批省级及以上重点实验室、创新中心、研究中心和高能级创新平台，逐步完善涵盖基础研究、应用研究、产业共性技术创新等全链条的数字科技创新平台体系。加强关键核心数字技术攻关，把握人工智能、量子科技、虚拟现实等前沿领域发展趋势，积极推动颠覆性技术创新，抢占产业未来发展先机和制高点；聚焦重点产业应用场景关键技术协同攻关重大需求，积极开展新一代信息技术规模化应用示范。支持浪潮、海尔、海信、歌尔等创新型领军企业牵头组建创新联合体，聚焦关键数字技术创新推行“揭榜挂帅”，联合行业上下游、产学研科研力量，开展数字产业“卡脖子”技术难题联合攻关，不断提升企业数字科技创新能力。

加速数字产业发展。聚焦山东实际，要大力发展先进计算、新型智能终端、超高清视频和高端软件等山东优势产业，不断壮大特色领航产业集群。深入实施“智造数基工程”，构建“国家级—省级—边缘级”工业大数据中心协同创新体系；建设省级区域中心、省级行业中心和边缘级中心，打造全国一体化大数据中心山东工业云；为中小企业提供专业化工业数据产品，以及涵盖算力、算法、算量的优质服务；推动“山东云”成为全国品牌，打造山东“丰富传统工业产品 + 全量新兴数字产品”双轮驱动、竞相发展新优势。鼓励支持国字号链主企业、行业领军企业搭建覆盖全产业链的数字经济总部。高标准建设“中国算谷”，加快发展第三代半导体，布局新型显示、智能传感、高速光电子等核心基础元器件，提升自主产业竞争力。推动云计算、大数据、人工智能、区块链等新兴产业发展，加快量子通信“齐鲁干线”建设，推进多领域北斗示范应用，构建完整北斗导航产业链。同时，前瞻布局未来网络、碳基芯片、类脑计算等未来产业，

山东强化科技战略支撑，构筑高能级创新平台，提升科技创新技能。2018 年 8 月，全部采用自主芯片研制的“新一代神威 E 级原型机系统”在位于济南高新区的国家超级计算济南中心正式启用。图为国家超级计算济南中心所在的中国算谷产业园。

图片来源：大众网

推动形成未来产业策源地。

加快产业数字赋能。充分发挥山东产业基础优势，利用数字技术全方位、全角度、全链条赋能传统产业，加快制造业、服务业、农业等产业数字化，推动数字经济和实体经济融合发展。在工业领域，重点推动智能制造全面升级，建设以数据要素流通应用为核心的“产业大脑”和“晨星工厂”，发挥山东工业门类齐全的优势，着力打造垂直行业和细分领域工业互联网平台，鼓励支持行业领军企业搭建覆盖全产业链的数字化平台以及数据可信、全程可控的工业数据空间，打通创新链、产品链、价值链，实现产业链上下游有效衔接，赋能全产业链高质量发展；在农业领域，重点发展特色高效数字农业，深入开展智慧农业应用基地、智能牧场建设，推进种植业、畜牧业、种业数字化发展；在服务业领域，重点培育数字服务新业态，推动数字设计、智能物流、电子商务、数字金融等生产性服务业数字化、专业化、高端化发展。

（三）构建智慧便民的数字社会，推进生活方式变革

当前，广大群众在社会治安、食品安全、环境污染、城市交通、看病就医、养老保障、入学入托、社会就业、居民住房等民生领域多样化的要求越来越高。加快数字社会建设，推动“以人民为中心”的高质量发展，让公共服务变得更加公平普惠，提高群众在数字化转型中的幸福感和获得感是解决这一难题的应对之策。

提供智慧便捷的公共服务。公共服务直接关系人民群众切身利益，是社会建设的重要内容。信息化、智能化、数字化有助于创新公共服务供给方式、提升公共服务品质。围绕民生保障重点领域，在教育、医疗、就业、社保、医保、文化、体育、养老、

救助等方面，推动新一代信息技术与公共服务深度融合，打造一批典型数字化应用场景，构建全生命周期的数字化惠民服务体系。推进学校、医院、景区、养老院等公共服务资源数字化，积极发展智慧校园、智慧医院、智慧景区、智慧文化场馆、智慧停车场等，推进线上线下公共服务协同发展、深度融合。

建设智慧城市和数字乡村。运用大数据、云计算、区块链、人工智能等前沿技术推动城市管理手段、管理模式、管理理念创新，从数字化到智能化再到智慧化，让城市变得更聪明、更智慧一些，是推动城市治理体系和治理能力现代化的必由之路。以数字化助推城乡发展和治理模式创新，全面提高运行效率和宜居度。分级分类推进新型智慧城市建设，推动将物联网感知设施、通信系统等纳入公共基础设施统一规划建设，推进市政公用设施等物联网应用和智能化改造，实现城市主要生命体征的实时感知；推进“城市大脑”建设，完善城市信息模型平台和运行管理服务平台，构建城市数据资源体系；利用数字孪生技术，在网络空间探索构建一个与物理世界相匹配的数字孪生城市，并以数字技术为基础推进城市治理智能化。同时，大力推进数字乡村建设，推动新一代信息技术在农村经济、政治、文化、社会、生态各领域广泛深入应用，夯实信息基础设施建设，构建面向农业农村的综合信息服务体系，提升农村信息惠民服务水平，加快弥合城乡“数字鸿沟”，打造农村数字化生产生活新模式，助力打造乡村振兴齐鲁样板。

构筑美好数字生活新图景。围绕群众对美好生活的向往，不断丰富完善数字化服务产品，推进购物消费、居家生活、旅游休闲、交通出行等各类场景数字化，打造智慧共享、和睦共治的新型数字生活。推进智慧社区建设，依托社区数字化平台和线下社区服务机构，建设便民惠民智慧服务圈，提供线上线下融合的社区生活服务、社区治理及公共服务。发展数字家庭，丰富数字生活体验。加强信息无障碍建设，帮助老年人、残疾人等特殊人群共享智能化服务。在交通调控管理、环境保护、市容整治、食品安全、治安维稳等诸多方面，深化数字化、智能化技术应用。

（四）建设泛在领先的数字设施，夯实数字变革基础

数字基础设施是新一轮发展的重要支撑，对于拉动投资、刺激消费、转换动能等具有战略性意义。习近平总书记强调，要加快新型基础设施建设，加强战略布局，加快建设高速泛在、天地一体、云网融合、智能敏捷、绿色低碳、安全可控的智能化综合性数字信息基础设施，打通经济社会发展的信息“大动脉”。

建设泛在连接的通信基础设施。近几年，网络建设如火如荼，特别是5G时代来临，新一代网络建设已成为国际竞争的主战场之一。加快实施“双千兆”网络系统工程，全面提速5G网络布局和商用步伐，建设高质量、大规模独立组网5G网络，推动5G网络在重点企业、产业园区、商务楼宇等场所深度覆盖和县级以上城区、重点中心镇及省级以上开发区功能性覆盖。大力发展第5代超高速光纤网络，打造一批全光网工厂、企业、园区和全光网城市，实现县级以上城市家庭千兆接入能力和商务楼宇万兆接入能力全覆盖。

构建存算一体的数据处理体系。如果说“网”好比人的神经系统，那么“云”就好比一个人的大脑。数据中心能够为经济社会各领域提供数据存储和算力，被业界称为“新基建的基石”，已成为经济社会运行不可或缺的关键基础设施。山东作为全国唯一41个工业大类齐全的省份，未来工业互联网、企业上云以及数字化转型市场

将有很大的发展空间，对敏捷连接、本地计算的需求更加突出。推动数据中心建设，要按照“需求牵引、适度超前”的原则，着力发展本地数据中心，实现数据中心“增量提质”，推动云计算与边缘计算协同发展，加快向高密度、低能耗、超大规模方向演进，构建布局合理、算力强大、算法领先、存算一体的数据中心体系，培育一批本土高水平云服务供应商，建立适应山东经济社会发展需求的算力基础设施体系。

布局全域感知的智能终端设施。“端”主要是指各类传感器，好比人体的感官系统，具有采集、处理、交换信息的能力。要实现全域感知，就要加快推动部署千万级物联网感知节点，打造百万级连接规模应用场景，进而实现对物理世界的感知。“互联网”到“物联网”，万物互联时代的来临，需要部署大量感知终端，未来各类智能终端将广泛分布于人们生产生活的方方面面。要适应万物互联、高速链接的发展需求，加快物联网终端部署和工业互联网标识解析体系建设，部署低成本、低功耗、高精度、高可靠的智能化传感器，形成固移融合、宽窄结合的物联接入能力。无论是城市基础设施，还是交通、能源、水利建设方面，都要在规划实施时同步考虑未来数字化发展的需要，同步设计、部署各类智能终端设施。

推进传统基础设施数字化升级。推动传统基础设施数字化升级，要坚持系统思维，整体协同推进，既有传统基础设施与“网、云、端”的协同，也有各部门、各条线、各地区之间的协同。“十四五”期间，要全面推进交通、水利、能源、市政等领域基础设施数字化转型，实现信息基础设施与传统基础设施之间深度融合，推动全省融合基础设施建设规模和创新能级迈向国内领先水平，打造全国融合基础设施示范区。

第五章 加强产业生态创新

良好的产业生态，是集聚产业、催生创新的土壤，也是塑造区域核心竞争力的关键。近年来，山东狠抓优势产业集群培育，加大建链、延链、补链、强链力度，着重培强产业基础，形成了“参天大树”与“灌木丛”共生的良好产业生态。着眼未来，山东必须准确把握产业生态创新的本质特征和丰富内涵，深入分析面临的形势和自身的基础，积极探索有效路径，为“走在前、开新局”提供有力支撑。

一 产业生态的内涵和特征

近年来，全球产业格局发生深刻变革，经济重心东移，国际竞争加剧，新科技革命催生新产业革命，气候变化与资源环境约束驱动倒逼经济社会低碳绿色转型，同时叠加数字化、可持续发展等时代浪潮，多重因素正在重塑产业生态的结构与形态。为应对当前经济格局变化带来的新挑战，山东要依托雄厚的产业基础、完备的产业体系，强化协同、提升能级，着力打造系统完备、互联共生、创新活跃、安全稳定的产业生态。

（一）系统完备

从战略角度考虑，推动产业生态创新，不是靠某一行业、某一领域的“单兵突进”，而是需要营造联系而非割裂、完备而非局部的良好产业生态。一方面，产业生态是由能够对某一产业的发展产生重要影响的各种要素组成的集合及其相互作用关系，是由产业的各类参与者以及产业发展的支撑因素与外部环境等构成的产业赖以生存和发展的有机系统。既包括在上下游衔接、前后端配套、全周期协作等方面统筹发力，又包括在打造自主可控、安全可靠的国内生产供应体系中贡献区域力量，进一步凸显重点区域在全国大局中的战略位势。另一方面，产业链完整性是产业生态的基础，体现在拓展产业链的“长度”和延伸产业链的“宽度”。产业链越“长”，越有利于增强抗风险能力、稳定区域经济；产业链越“宽”，越有利于发挥比较优势、吸引投资聚集企业、塑强竞争能力。产业生态需要从符合未来产业变革方向的整机产品入手，除了打造战略性全局性产业链，还要重点推动产业创新发展，不断巩固提升全产业链竞争力，集中力量攻坚突破，加快实现做精做强，努力培育一批具有全国乃至全球影响力的产业链。

（二）互联共生

产业集群是产业生态在地理空间上的物理映射，是支撑经济高质量发展的空间载体，能够促进专业化分工和各类资源汇聚，为经济发展增添动力。一方面，互联的产业生态可以指导山东产业建设发展，指导各地市重点产业建设发展，引导各类资源要素打破地域约束和行政壁垒，促进物化的产业园区与虚拟的要素生态之间虚实结合、相互耦合，达到主导产业鲜明、要素自动吸附、人才流入聚集的局面，促进优质资源集中，加快形成产业规模效益、特色品牌优势，全面提升产业、区域的竞争力。另一方面，共生的产业生态催生产业间的“化学反应”，促进产业链上下游和基础材料、核心零部件、关键设备、研发设计、生产制造和市场应用的协同，加速产业要素自由流动，增强产业链的韧性和黏度，发挥出最大化的经济价值与社会价值。共生的产业生态其产业配套相对完善，大中小企业分工合理、相互合作、融通发展，要素在产业链内及产业链间流动的阻碍基本消除，形成上下游供应链灵活高效配置和低成本资源协同的良好产业组织体系。

（三）创新活跃

创新是引领发展的第一动力，抓创新就是抓发展，谋创新就是谋未来。一个地区的创新能力不仅取决于创新活动和创新体系本身，更取决于产业创新生态是否良好。一方面，产业创新生态并不像过去只注重创新活动本身，而是更加重视创新主体间的互动性及其对创新环境的依存性。必须突破区域与行业边界，构建多层次、多要素联动的产业创新生态。新时代我国产业发展的重心已转变为提高基础创新能力、突破核心技术瓶颈、抢占世界产业技术制高点。山东必须集合优势力量构建新的创新生态。另一方面，国际经验表明，每一个世界级“航母”企业的背后，都活跃着一批与之协作配套、长期合作的“专精特新”中小企业。“专精特新”中小企业专业性强、创新动力足、机制灵活，是产业生态创新的生力军。所以创新活跃的重点是着力围绕“链主”企业培育“专精特新”中小企业，鼓励广大中小企业走“专精特新”的创新发展之路，打造更多专注并深耕产业链某一环节或某一产品的“单打冠军”“配套专家”，提高产业发展水平。

（四）安全稳定

当前，世界百年未有之大变局加速演进，各种不稳定、不确定性因素明显增加，新冠肺炎疫情影响广泛深远，经济全球化遭遇逆流，必须坚决守牢产业生态安全底线，实现高质量发展和高水平安全良性互动。一方面，现行国际分工体系由于地域分布广阔、链条环节繁多、库存控制严格等因素，在疫情冲击下暴露出抗风险能力不足的缺陷。在制造业已经形成全球高度分工的格局下，产业生态的安全稳定聚焦在影响国民经济安全运行的关键产业领域，要稳步解决“卡脖子”隐患，提升增强产业生态自主可控的能力和底气。另一方面，安全稳定意味着保持供应链畅通高效，具备快速应对各种风险挑战的产业供给系统。从生产全流程来看，优良的产业生态要形成可持续的供给能力，除了要保障产品的正常供给，还必须保障关键核心技术供给、高层次人才供给和关键要素资源供给，以及为保障上述供给必须具备的内外高效协作体系，确保国内生产、供给平稳有序。

延伸阅读

抓产业要有“生态”思维

哪里生态好、环境优，资源就流向哪里，产业就集聚到哪里，发展制高点就转移到哪里。

审视当下产业发展逻辑，“生态”无疑是至关重要的一环。

不仅产业的竞争靠“生态”，产业自身的做大做强同样需要“生态”。事实证明，有没有领先的“生态”思维，能不能持续优化产业生态，是培育和维护产业幼苗、产业大树和产业森林的关键所在。

产业生态好不好，主要看产业链的完整性、产业集群的协同性。可以说，加强产业生态创新，山东有基础、有条件。按照省委部署，立足资源禀赋，统筹抓好建链、延链、补链、强链，强化“龙头”引领、园区聚合、平台互联，就能为优良产业生态的形成打下坚实基础，在发展竞争中赢得主动。

优化产业生态，供应链稳定性至关重要。当前，国内外形势严峻复杂，新冠肺炎疫情冲击巨大，供应链的安全稳定问题更为尖锐地摆在我们面前。只有积极打造完全自主可控的供应链，确保关键时刻不“掉链子”，才能营造安全稳定的产业生态，保持经济社会平稳运行。

资料来源：《大众日报》2022 年 2 月 12 日

二 产业生态创新是区域核心竞争力的关键

建设新时代社会主义现代化强省，是习近平总书记对山东的殷切期望，是亿万齐鲁儿女的孜孜追求。山东是经济大省、工业大省，工业规模稳居前列，动能转换强势突破，数字赋能持续深化，创新动力显著增强，产业生态持续向好，在打造优良产业生态方面优势条件得天独厚。特别是随着产业升级步伐加快，山东经济社会高质量发展的内涵结构、体制机制、生态环境加速提升，为塑成区域核心竞争力提供了坚实支撑，也开拓了新的广阔空间。

（一）夯实高质量发展基础的关键之策

中国特色社会主义进入新时代，我国经济已由高速增长阶段转向高质量发展阶段。高质量发展，就是能够很好满足人民日益增长的美好生活需要的发展，是体现新发展理念的发展。面对新时期的新要求，推动高质量发展必须坚持质量第一、效益优先，建设现代化经济体系，加快推动质量变革、效率变革、动力变革，这是跨越关口的迫切要求和我国发展的战略目标。建设创新引领、协同发展的产业生态，是构建现代经济体系的核心要务，也是实现高质量发展的关键一环。

推动质量变革。优良的产业生态有利于提高工业经济发展的要素质量、产业质量、产品质量、服务质量，能够显著增强经济社会发展综合质量优势；有利于激发市场活力和内生动力，加快转变经济发展方式，破解经济发展深层次矛盾和问题；有利于优化产业结构、区域布局，提升产业发展效益；有利于碳达峰、碳中和，推动产业绿色化和绿色产业化发展，建立健全绿色低碳循环发展的经济体系。

推动效率变革。优良的产业生态系统有利于提高劳动力要素市场化配置水平，完善人才配套服务机制，适应市场需求；有利于提高土地要素配置效率，实现节约集约用地；有利于提高能源资源利用效率，推进资源总量管理、科学配置、全面节约、循环利用；有利于培育数据要素市场，使数据要素成为效率变革“倍增器”。

推动动力变革。优良的产业生态有利于改变传统的规模化粗放发展方式，转而实现高质量集约化发展；有利于加快实现以规模为特征的简单劳动力配置向以质量为导向的人力资本高效配置的转化，进而促进全要素生产率的提高；有利于推动资源依赖型经济向技术促进型经济转变，有效实现新旧动能转换。

（二）塑强现代产业新优势的动力之源

随着我国经济发展进入新常态，面对人口红利消退、劳动力成本上升、资源环境压力增大、贸易保护主义抬头等一系列国内外问题与挑战，要素驱动和投资驱动的传统动能陷入发展“瓶颈”，越来越难以满足我国高质量发展的内在需求。对我国这么大体量的经济体来讲，如果动力问题解决不好，要实现经济持续健康发展和“两个翻番”是难以做到的。在新常态背景下，经济发展必须从要素驱动、投资驱动转向创新驱动，坚持走中国特色新型工业化道路，加强产业生态创新建设，纵深推进新旧动能转换，落实“三个坚决”，壮大“十强产业”，塑成高质量发展新优势。

壮大产业规模。优良的产业生态意味着产业规模不断扩大，形成健全的现代产业体系，这其中尤其要重视制造业的发展。制造业不但是实体经济的主体，还是产业生态创新的“主战场”，其产业规模反映了当前制造业发展的基础实力，以及产业体系的完整程度与规模效益。

优化产业结构。优良产业生态有利于改造提升传统产业，巩固纺织服装、食品、造纸等产业优势，推动钢铁、化工、建材、有色等产业结构调整、工艺革新；有利于强力突破新兴产业，围绕新一代信息技术、高端装备、新能源新材料、现代海洋、医养健康等领域打造具有核心竞争力的新兴产业基地；有利于做强先进制造业，精准补齐“五基”短板，着力突破工业母机、芯片、机器人等高端领域，扩大动力装备、轨道交通装备、智能家居等领先优势。

提升质量效益。速度与质量是辩证统一的，高质量发展须同时注重发展的“量”和“质”。优良的产业生态从关注经济规模和增长过程转向关注增长的结果和增长的效益，从关注经济增长一个维度转向关注经济发展、社会公平、生态环境等多个维度，从片面重视高增长产业转向关注产业协同发展、构建现代化产业体系，从关注 GDP 转向关注以人民为中心的各项制度安排和城乡区域之间的协调发展，争取以最小的生产成本产出最大的质量效益，不断提升高质量发展能力。

（三）实现产业链供应链安全发展的重要举措

百年变局和世纪疫情相互交织，国际形势继续发生深刻复杂变化，世界进入新的动荡变革期，但全球产业链、供应链、价值链的国际连接、国际经济合作，仍是世界经济发展的客观要求和必然趋势。在这个大背景和大趋势下，打造优良产业生态是形成以国内大循环为主体、国内国际双循环相互促进的新发展格局的必然要求。当前山东部分产业关键核心技术存在短板，关键部件和核心材料严重依赖进口，产业链供应链安全稳定受到威胁，造成国内大市场循环供给质量不高，不能有效满足消费者对消费品转型升级的要求，使得生产和消费之间、供给和需求之间不能很好地实现动态匹配。而破解产业链供应链安全稳定问题的关键，就是要强化产业生态自主创新能力建设，发挥新型举国体制优势，科学统筹政府、市场与社会力量，争取引导创新资源配置，充分激发创新主体活力，有效推动重大科技攻关，以自主创新谋求持续发展，大幅提升原始创新水平，攻坚突破“卡脖子”技术，确保关键领域安全可控。关键核心技术，特别是涉及国家安全、决定企业兴衰的技术，是要不来、买不来、讨不来的，只有依靠建立完善的产业生态创新体系，才能突破受制于人的枷锁。只要坚持应用牵引、问题导向，坚持政府引导和市场机制相结合，坚持独立自主和开放合作相促进，就一定能够打造出优良产业生态。

延伸阅读

四大发展导向助力山东高质量发展

山东是我国重要的工业基地和北方地区经济发展的战略支点。国务院日前印发《关于支持山东深化新旧动能转换 推动绿色低碳高质量发展的意见》（以下简称《意见》），提出山东要深化新旧动能转换、推动绿色低碳转型发展、促进工业化数字化深度融合、深入实施黄河流域生态保护和高质量发展战略等四大发展导向，这既是山东的重大机遇，也是重大责任。

《意见》提出，山东要深化新旧动能转换。实施创新驱动发展战略，坚持“腾笼换鸟、凤凰涅槃”，依托新旧动能转换综合试验区，打造全国重要的区域创新高地和科技创新策源地，培育一批有重要影响力的战略性新兴产业集群，加快探索形成新旧动能转换的路径模式。《意见》提出，山东要推动绿色低碳转型发展。实施全面节约战略，围绕实现碳达峰碳中和，坚持降碳、减污、扩绿、增长协同推进，推动重化工业转型、低碳技术研发推广、绿色发展机制创新，加快形成节约资源和保护环境的产业结构、生产方式、生活方式、空间格局。《意见》还提出，山东要促进工业化数字化深度融合。坚持走新型工业化道路，协同推进产业数字化和数字产业化。深入实施黄河流域生态保护和高质量发展战略。发挥山东半岛城市群龙头作用，全方位、多层次深化黄河流域大保护、大治理，在生态环境高水平保护、水资源深度节约集约利用和协同推进经济高质量发展方面，加强探索创新。

资料来源：齐鲁网，2022年9月5日

三 山东加强产业生态创新的基础条件

近年来，山东认真贯彻落实习近平总书记关于“打好产业基础高级化、产业链现代化的攻坚战”“提升产业链供应链稳定性和竞争力”等重要指示要求，按照巩固、增强、提升、畅通的方针，深入实施新旧动能转换重大工程，聚焦制造业关键领域和重点产业链条，坚决淘汰落后动能、坚决改造提升传统动能、坚决培育壮大新动能，产业基础能力和产业链现代化水平明显提升，这是山东在加强产业生态创新中“走在前、开新局”的潜力所在、底气所在、信心所在。

工业规模稳居前列。山东拥有41个工业大类、197个工业中类和500多个工业小类，是我国工业门类最齐全的省份之一，在国际产业体系分工中也扮演着不可或缺的角色。2021年，山东全部工业增加值达到27243.6亿元，占生产总值比重为32.8%，其中，制造

2022 年 8 月 31 日，2022 世界先进制造业大会在山东省济南市开幕。大会主论坛发布了“先进制造业‘揭榜挂帅’十大重大产业技术需求”“先进制造业十大领航项目”“先进制造业十大趋势”。图为大会主论坛会场。　　图片来源：《大众日报》

业增加值占比 28.3%；规模以上工业企业实现营业收入 10.2 万亿元、利润 5268.8 亿元，其中制造业分别实现 9.21 万亿元、4900.9 亿元；县域工业经济实力居全国前列，5 个县（市）入围全国工业百强县（市），4 个区入围全国工业百强区，13 个县（市）入围创新百强县（市）。

动能转换强势突破。传统产业“老树发新芽”。钢铁、石化、铝业等七大高耗能行业整合提升成效明显，裕龙岛炼化一体化、先进钢铁制造业基地、世界绿谷、山东重工绿色制造产业城等一批标志性、引领性重大项目落地实施。企业技改力度逐步加大，“十三五”以来山东滚动实施“万项技改”“万企转型”，高端化、智能化、绿色化发展步伐不断加快。新动能“插柳能成荫”。新一代信息技术、高端装备、新能源新材料、高端化工、医养健康等“十强”重点产业规模迅速提升，势头强劲。2021年，“十强产业”增加值、高新技术产业产值占比分别达到15%、46.8%，新动能“增的趋势、转的态势、量的优势”都在加快显现。

2022年初，2020—2021年度第二批国家优质工程奖评选揭晓，山钢集团日照钢铁精品基地项目轧钢工程获国家优质工程金奖。图为山钢集团日照钢铁精品基地。

图片来源：《大众日报》

创新动力显著增强。创新载体建设提速，国家实验室、国家重点实验室、山东省实验室、山东省重点实验室四级“1313”实验室体系不断健全，高端智能家电制造业创新中心、先进印染技术制造业创新中心、青岛海洋科学与技术试点国家实验室、中科院海洋大科学中心、济南国家超算中心等“国字号”“中字头”科技力量纷纷落户、加快建设。技术创新成果丰硕，高热效率柴油机、大型冲压机床、已二腈制备、高速磁浮交通系统等一批打破国外垄断、填补国内空白的重大技术实现突破，重型商用车动力总成、前置前驱8档自动变速器等关键技术获得国家科技进步奖一等奖，为“墨子号”量子卫星、C919大飞机、首艘国产航母、“蛟龙号”载人深潜器、南海可燃冰试采装备“蓝鲸一号”等国之重器贡献了山东力量。

山东大力发展海洋高端装备制造业，形成海洋船舶、海洋重工、海洋石油装备三大海工装备制造基地。图为山东省烟台中集来福士海洋工程有限公司自主设计建造的超深水双钻塔半潜式钻井平台“蓝鲸一号”。 图片来源：《大众日报》

加快建设山东半岛工业互联网示范区，大力实施“云行齐鲁、工赋山东”专项行动，全面加快数字化转型。济南、青岛国家级互联网骨干直联点正式开通运行，山东成为全国唯一一个“一省双直联点”省份。构建“市级—省级—国家级”智能工厂梯次培育体系，新培育143个省级智能工厂（数字化车间）；12个工厂入围首批国家智能制造示范工厂、21个场景入围国家智能制造优秀场景，入围数量分列全国第二和第一位，入围总数全国第一。软件产业跻身国内第一梯队，成为北方地区唯一有两座中国软件名城的省份。全省数字经济总量居全国第3位、突破3.5万亿元，占GDP比重超过43%。

市场主体实力增强。截至2021年底，民营经济市场主体达到1311.8万户，中小企业达到407万户。规模以上工业企业33066家，

依托海尔卡奥斯工业互联网平台打造的全球首个智能 +5G 大规模定制虚实融合示范验证平台。
图片来源：大众网

5 家企业入围“世界 500 强”，82 家企业入围“中国制造业企业 500 强”，53 家企业入围“中国民营企业 500 强”。累计培育国家制造业单项冠军示范企业 109 个、专精特新“小巨人”企业 362 家，培育省级“专精特新”企业 3424 家、瞪羚企业 1140 家、独角兽企业 20 家。

总体上看，“十四五”时期是山东构建优良产业生态的重要战略机遇期，只要坚持系统观念，用全面、辩证、长远的眼光分析形势，用好产业升级、消费升级、技术革命、全球格局变化的重大机遇，充分发挥制度优势、市场优势、规模优势、人才优势和配套优势，全力以赴应对各种风险挑战，就完全有条件有能力在危机中育新机、于变局中开新局。

四 山东加强产业生态创新的方法路径

加强产业生态创新，必须围绕完善“链长制”工作机制，聚焦建链延链补链强链、产业链供应链整合配套等核心任务，进一步提升目标、细化举措、压实责任，切实增强产业链完整性、创新链自主性、供应链稳定性、产业集群协同性，加快打造系统完备、互联共生、创新活跃、安全稳定的产业生态。

（一）构建更加完整的产业链

实施标志性产业链突破工程。按照“国家有需要、市场有前景、山东有基础”的原则，从 43 条重点产业链中优选整合标志性产业链，细化完善“1 张图谱 +N 张清单”，进一步明确固根基、扬优势、补短板、强弱项的具体措施。切实加强跨地区、跨层级、跨部门的协同协作，强化提升标志性产业链薄弱环节，加快塑造一批战略性全局性产业链。切实发挥“链长”总协调总指挥作用，研究决策产业链建设的战略方向和总体方案，协调解决事关发展全局的重大问题。

谋划实施建链补链延链强链项目。依托产业链共同体优势，统筹龙头企业、行业协会等资源，省市一体化联动策划，建立补链延链强链重点项目库，实行全生命周期跟踪服务，形成“竣工一批、开工一批、储备一批、谋划一批”的推进格局。积极发挥山东特色优势，主动对接国家有关部委，聚焦产业基础再造、产业链优化提升等重点领域，有针对性地加强项目谋划储备，积极争取承担国家重大项目，在更高层面推动解决山东产业链建设问题；对承担国家产业基础再造和制造业高质量发展项目的企业，省级财政采取股权投资方式择优予以支持。筛选确定一批影响力大、带动性强的产业链重点项目，实施“一对一”靠上跟踪服务，用足用好各项优惠政策，及时帮助协调解决问题，力促项目早开工、早建成、早投产、早见效。

开展产业链招商专项行动。每年梳理形成产业链招商指引目录，坚持招大引强、链群配套的原则，深度挖掘山东产业优势；紧盯建链补链延链强链实际需求，及时发布产业链招商重点项目，明确产业链各环节招商靶向分布；依托重大会展活动、“选择山东”云平台、山东省投资合作热力图等，瞄准国内外产业链龙头骨干企业和上下游关联企业，精准招引“填空型”企业、“补充型”项目，提升产业链招商精准性。完善重大外资项目跟踪推进机制，推动在谈项目早签约、签约项目早落地、落地项目早到资。扎实推进书记市长项目工程，争取一批重点外资项目落地。制定总部经济有关奖励政策，吸引更多跨国公司地区总部落户山东。

支持领航型企业发展。通过引进、新建、改造、重组、整合等方式，再培育一批规模大技术高、具备较强品牌影响力和市场号召力、对产业链集成能力和带动作用强的领航型企业。支持领航型企业加强研发、品牌、供应链等核心能力建设，联合上下游企业加强技术、产品、市场等交流合作，增强行业集聚效应，实现协同融通发展。充分尊重和发挥企业的市场主体地位，每条产业链确定一个或几个目标定位高远，战略规划清晰，在技术、产品、品牌、市场等方面有较强影响力，对产业链有较强集成能力和带动作用的龙头骨干企业作为“链主”企业。支持“链主”企业在重点园区规划建设、建链补链项目落地、资源要素配置等方面发挥牵头协调作用，对“链主”企业、关键节点企业等产业链重点企业提出的符合产业政策和发展规划、要素需求在供应总量范围内、有利于培育整体产业生态的项目，省市两级政府有关部门原则上予以支持；支持“链主”企业发起组建行业协会、产业联盟等产业链合作机制并发挥积极作用，会同产业链关键节点企业，建设工业互联网等公共服务平台。

实施“专精特新”企业培育工程。深入落实“专精特新”中小企业培育方案，实施重点项目引领、育种扶苗、创新能力提升、产业链协同、数字化转型、资本赋能、双循环融入、人才汇聚等重点工程，加快培育更多“专精特新”企业，锻造建链补链延链强链的“撒手锏”。做好新一批国家专精特新“小巨人”企业推荐申报工作，推动现有重点“小巨人”企业全面达到考核目标。“十四五”时期，力争每年培育省级“专精特新”企业400家以上、“小巨人”企业150家以上，省级以上单项冠军企业150家以上、瞪羚企业200家以上、独角兽企业3家以上。

延伸阅读

“专精特新”中小企业培育“八大工程”

为进一步支持中小企业走“专精特新”发展之路，省促进非公有制经济发展工作领导小组印发《山东省“专精特新”中小企业培育方案》（鲁非公组发〔2022〕1号），提出“八大工程”。

一是国家重点项目引领工程。指导国家级专精特新“小巨人”企业创新突破，争取更多列入国家支持范围等。

二是育种扶苗工程。制定全省支持大学生创新创业的指导意见，建强一批大学生创业孵化基地。落实鼓励发展天使投资政策，树立投早投小投智良好导向等。

三是创新能力提升工程。对中小企业在建和未达到相关认定标准的研发机构，建档入库重点支持，加快企业研发机构建设等。

四是产业链协同工程。实施产业链信息定向发布，围绕“专精特新”中小企业分布集中的重点产业链，组织与“链主”企业常态化对接等。

五是数字化转型工程。分类举办“专精特新”中小企业智能化改造供需对接专场，每年推广 1000 个以上应用场景，培育智能制造新模式等。

六是资本赋能工程。鼓励金融机构推出“主办行 + 专属信贷产品”服务，开展金融管家试点等。

七是双循环融入工程。组织专业服务商制定“专精特新”中小企业个性化营销方案，开展“山东制造·网行天下”专精特新专项行动等。

八是人才汇聚工程。组织“专精特新”中小企业家参加国家中小企业经营管理领军人才培训；鼓励支持采用股权激励、期权激励、技术入股等多种方式，引育集聚一批科技领军人才和项目创新团队等。

资料来源：《山东省“专精特新”中小企业培育方案》

（二）做强更加自主的创新链

开展关键技术攻关行动。聚焦建链补链延链强链重大需求编制技术攻关清单，支持“链主”企业、配套企业、研发机构等组建协同创新联合体，积极探索“订单式研发”“揭榜挂帅”等新型项目组织方式，实施新旧动能转换重大产业攻关项目、省级重大科技项目、省级企业技术创新项目，扎实推进“卡脖子”关键技术攻坚突破。

充分利用线下展洽、线上对接等方式，提升产学研供需对接效能，举办新一代信息技术、高端装备、新材料、高端化工、现代轻工纺织等重点产业产学研对接活动，梳理适合工程化、产业化的创新成果清单，组织产业链上下游企业与省内外高等院校、科研院所精准对接，推动科技创新成果转化和应用，加快促进产业转型升级。鼓励“链主”企业参与建设低成本、便利化、全要素、开放式的众创空间，培育创业孵化新业态，更好促进科技成果转移转化。

建强创新平台载体。充分运用首台套（首批次、首版次）保险补偿、政府采购支持首台套重大技术装备推广应用等政策，组织编制新技术新产品推广应用目录，推动进入产业链供应体系。引导企业用好增值税留抵退税、研发费用加计扣除等政策，持续扩大创新投入，持续提升有研发活动的规上工业企业比例。深度构建重点实验室、技术创新中心、产业创新中心、工程研究中心、制造业创新中心等创新载体体系，积极推荐承担国家和省重大科技创新项目。高标准建设国家先进印染技术创新中心、国家高端智能化家用电器创新中心、国家智能制造工业设计研究院，推动省虚拟现实制造业创新中心争创国家制造业创新中心，加大省级制造业创新中心培育力度。

推进全链条改造升级。深入实施“万项技改”，加快推动“万企转型”，动态抓好技改导向目录项目的入库管理和推进实施，推动产业链全方位、全角度、全链条改造升级。积极培育技术改造服务商队伍，打造“1+16”技改服务产业园，完善技改服务“一对一”诊断服务机制，招引技改服务商入园发展。实施“技改升规”计划，加快推动县（市、区）规模以下企业实现技改项目提质升规。大力推进数字化赋能，示范打造数字车间、智能化工厂和典型应用场景，提升产业链数字化水平，通过新技术新应用延长、拓宽、挖深产业链。

强化智能制造标准引领和示范带动作用，集成运用自主可控的智能制造装备、软件和控制系统，统筹推进自动化、数字化、网络化、智能化改造升级。严格执行“两高”行业“四个区分”和“五个减量替代”，加快推动钢铁、地炼等领域的产能布局转移，大力推进裕龙岛炼化一体化、世界高端铝业基地、先进钢铁产业基地等重大项目建设。

实施企业家素质提升行动。深化运用省委、省政府评选表彰优秀企业家成果，加强典型宣传，弘扬企业家精神。发布年度“民营企业家‘挂帅出征’百强榜”，研究制定对上榜企业家在医疗、交通等领域提供专项服务的细则，提升民营企业家的荣誉感、获得感和社会影响力。深化企业家培训层次，着力提升企业家创新发展、决策管理、资本运作、市场开拓和国际竞争能力。实行青年企业家培养“导师制”，建立“青年企业家培育中心”，全面提升青年企业家能力和素质。

打造高层次高技能人才队伍。深入实施新一轮泰山产业领军人才工程。依托标志性产业链吸引优秀海外人才回国（来华）工作，积极推荐申报有关人才工程。推动高层次科技人才在企业、高校、研发机构间挂职、兼职，掌握需求、对接合作。构建基于产业发展和创新需求的实践教学和实训实习环境，加大优质毕业生定向培养、输送力度。推进职业教育集团化发展，加速引育一批懂管理、敢创新的卓越工程师、齐鲁工匠和高技能人才。依托“链主”企业和高校院所，积极推动公共实训基地建设。加强新工科、现代产业学院、特色学院等建设，推动订单式技能人才培养模式。强化在岗职工技能提升，推动举办行业性职工技能竞赛，推进知识型、技能型、创新型产业工人队伍建设。

延伸阅读

山东大力推动产业链与创新链深度融合发展

2016年，习近平总书记提出，关键核心技术攻关可以搞“揭榜挂帅”，英雄不论出处，谁有本事谁就揭榜。2021年5月，习近平总书记再次强调，要改革重大科技项目立项和组织管理方式，实行“揭榜挂帅”“赛马”等制度，做到不论资历、不设门槛，让有真才实学的科技人员英雄有用武之地。

近年来，山东瞄准科技创新，突破体制机制藩篱，深入推进“揭榜挂帅”制改革。设立由省委书记、省长担任双主任的省委科技创新委员会，出台《山东省重大科技创新工程项目管理暂行办法》《关于深入推进“揭榜挂帅”等三项制度改革的实施方案》，为改革提供制度保障。

2022年6月，山东省科技厅亮出一张榜单——《2022年山东省重大关键技术攻关项目指南（第一批）》，聚焦新一代信息技术、高端装备、新能源新材料等重点领域，共安排57个省级重大科技创新项目、145个课题。榜单发布后，迅速吸引一批国内外企业、高校、科研单位竞相揭榜。

世界首套时速600公里的高速磁浮交通系统成功下线；具有完全自主知识产权的燃料电池智能雪蜡车亮相北京冬奥……2020年以来，山东省通过“揭榜挂帅”制度组织实施200余项省级重大科技创新项目，突破了一批关键技术，推动产业链与创新链深度融合发展。

资料来自：《人民日报》2022年9月4日

（三）打造更加稳定的供应链

加快产业备份系统建设。实施断链断供替代行动，定期梳理断链断供风险清单，推动龙头企业建立同准备份、降准备份机制，力争重要产品和供应渠道都至少有一个替代来源，形成必要的产业备份系统。引导重点企业在一般性库存基础上，适当调高关键部件、高端装备、紧缺材料等关键产品的储备力度，以应对各类不确定事件带来的供应短缺风险。

开展国产产品替代应用行动。支持省内整机企业根据市场实际需求，拿出一定比例的产品份额打造全国产产品，有计划、有步骤地推动国产化替代，形成自主创新与推广应用相互支撑、相互促进的循环机制。对省内已经取得研发突破、具备生产能力、处在市场推广期的高端装备、新材料、医疗器械等产品，通过政府采购、保险补偿、示范推广等手段，推动国产产品优先使用、加快推广。

提升产业“双循环”能力。充分发挥与日韩交流合作长效机制，深化与RCEP成员国企业间产业对接。加强与欧美日韩重点商协会、行业委员会、重要产业集群及应用科研机构联系，进一步挖掘创新合作潜力，拓展产业合作领域和范围。深入实施“百年品牌企业”培育工程，充分挖掘山东优质工业品资源，进一步打响“好品山东”品牌，深层次嵌入全国全球产业链供应链，全面助力消费扩容提质。聚焦“十强产业”、重点国别地区和重点引资载体，举办重点产业合作专场活动，推进境内外产业常态化对接、紧密型嵌套。鼓励企业借助网络营销专业平台开展“云采销”，甄选企业拳头产品，开展形象提升活动。打造机械加工、纺织服装等领域的“超级工业城”，组织省内外行业龙头企业采购端入驻。以家电、食品、服装、家具等为重点，持续开展增品种、提品质、创品牌“三品”行动，高水平举办赛事和展会。开展“山东制造网行天下”行动，通过“流量券”补贴方式，鼓励企业借助网络营销专业平台开展“云采销”，甄选龙头企业拳头产品，开展“千店千品”形象提升活动。

中德（济南）中小企业合作区规划面积110平方公里，是江北第一家中德企业合作区，突出先进轨道交通装备、航空航天装备、节能与新能源汽车、精密机械、集成电路及材料设备五大产业方向，对接德国工业4.0，努力建设成为区域性高端制造产业集聚发展样板区和核心区。图为中德企业合作区展厅。 图片来源：《济南日报》

加大优质数字资源供给。加快5G、物联网、千兆光网、卫星互联网等新型信息基础设施规模化部署，推动完善“确定性网络”建设布局，全面推进互联网协议第6版（IPv6）商业应用。开展工业大数据中心建设、大数据发展创新平台建设、数字经济园区培育等专项行动，优化数据产业生态。强化制造业网络和数据安全保障，指导企业落实网络安全主体责任，实施企业网络安全分类分级管理。高水平建设山东半岛工业互联网示范区，巩固和提升工业互联网领域的先发优势。培育壮大人工智能、大数据、区块链、云计算等新兴数字产业，进一步提升通信设备、集成电路、电子元器件、关键软件等核心竞争力。深入实施制造业数字化转型行动，引导企业树立数字化思维，提升全员数字化能力，加快重点行业数字化、网络化、智能化转型步伐。深入开展“云行齐鲁·工赋山东”行动，推进“万名数字专员”进企业，加快推进先进材料、生物医药、轻工纺织、绿色化工等优势产业与工业互联网平台的融合应用，实施化工装置、工业锅炉、炼铁锅炉、智能装备等关键工业设备上云。

（四）培育更加协同的产业集群

开展重点企业卡位入链行动。实施重点产业链“专精特新”企业融链固链行动，健全政府指导、平台承办、双向互动机制，开展链主企业行、标杆企业行、产业集群行、高校院所行、融资机构行等专项活动，组织产业链专题对接活动，推动“专精特新”企业与链主企业对接合作，积极培育产业链供应链伙伴关系，更好推动上下游环节“串珠成链”。优化公共服务平台体系。大力培育支撑产业链、产业集群高质量发展的公共服务机构，支持机构牵头组织开展项目策划、成果转化、供需对接、人才招引等活动。建立国际领先的工业互联网标识解析体系，做大做强“跨行业、跨领域”工业互联网平台，推动向世界一流水准迈进；做精特色专业型工业互联网平台，做细行业服务型工业互联网平台，形成多层次、系统化的平台发展体系。

实施产业集群培优培强工程。按照区域相邻、优势突出、组织有力等原则，加快推动产业链群规模化发展。加快实施先进制造业集群培育倍增计划，重点培育一批规模优势突出、产业特色鲜明、协作配套紧密、协同创新力强、辐射带动作用大、产业链供应链稳定、市场竞争有力的省级乃至国家级先进制造业集群。培育省级战略性新兴产业集群，推动7个国家级战略性新兴产业集群加快建设。培育省级特色产业集群，开展特色产业集群服务行专项活动，重点在数字化转型、科技研发、人才引育、市场开拓等方面为集群内企业进行精准服务，引导重点企业、要素资源集约集聚。

优化提升产业园区布局。深入实施“百园技改”计划，推动建设标志性智慧园区。开展开发区“一号产业”培育行动，重点培育“双招双引”特色园区、外贸新业态特色园区、国际合作特色园区。成立山东沿黄开发区发展联盟和山东沿海开发区发展联盟，深化在产业、项目、人才、技术等领域的交流合作。实施山东自贸试验区升级版方案，建设联动创新区，发挥辐射带动作用，培育医疗康养、航运贸易金融、海洋经济等特色产业集群。“做实、做好、做美、做响”上合示范区，建设上合国家商品博览中心及能源、原材料大宗商品平台，扩大易货贸易规模，建设跨境电商平台，招引跨境电商企业。

第六章 加强要素保障创新

要素是经济社会发展的源头活水，提高要素保障能力、实现要素高效配置，对于激发经济发展内生动力、促进经济社会高质量发展具有重要意义。山东历来高度重视要素保障工作，将其作为实施新旧动能转换重大战略、推动实现“走在前、开新局”的重要举措。2022年初，在全省工作动员大会上，山东省委、省政府明确将加强要素保障创新列入“十大创新”行动，要求以新思路新举措打破要素“天花板”，换来发展“一片天”。

一 要素保障创新的重要意义及有利条件

要素保障创新就是通过政府各种政策、措施的创新性调整，以保障市场主体发展所需的土地、能源、环境、资金等基本生产要素的有效供给。一个地方的经济社会发展离不开土地、能源、环境、资金等基本要素，这些要素能否有效保障到位，直接关系到一个地方经济社会发展的质量和水平。所以，要素保障是经济社会发展的基础，也是各种创新实践的基础。

（一）生产要素的基本内涵

生产要素一般是指市场主体生产物品和提供服务必须具备的因

素或条件。生产要素的外延和内涵随着人类生产活动的不断发展而进一步发展变化，从而扩展其范围、丰富其内容。传统经济学认为，要素包括资本、劳动力和土地，而随着经济规模增长、分工细化及资源消耗、环境污染、生态破坏的加剧，依附在劳动力上的科技要素，依附在土地上的资源要素、环境要素，逐步成为独立的要素。当前，生产要素的内涵主要是指用于生产产品（包括商品与服务）的资本、劳动力、土地、能源、技术、数据等资源投入品。

在历史进程中，制度的演进与生产要素的更迭有重要关系，“谁掌握了这种生产要素的供给，谁就拥有权力”。例如，在奴隶社会中，谁拥有最多的劳动力，谁就有最高的权力；在封建时代，土地是最重要的生产要素，地主是这一生产要素的供给者，所以地主是掌权的；后来，资本主义兴起，资本代替土地成为最重要的生产要素，资本家是这一生产要素的供给者；随着资本的供给日益充裕，出现了储蓄过多的倾向，资本不再是稀缺的生产要素了，而工业和技术发展所需要的专门知识越来越复杂，科技成了企业成功的决定性生产要素并日益稀缺。当前，随着互联网经济的发展和大数据时代的到来，数据作为生产要素的重要性日益凸显，信息资源日益成为重要生产要素和社会财富，信息掌握的多寡成为国家软实力和竞争力的重要标志。

总的来看，生产要素含义存在着狭义和广义的区别。狭义的生产要素，指的是劳动力、土地、资本，其中，劳动力作为生产过程中具有主观能动性的因素，属于主观生产要素；土地和资本需要在主观生产要素的控制下才能起作用，属于客观生产要素。广义的生产要素，指的是人类从事社会生产活动所需具备的一切社会资源，不仅包括土地、资本和劳动力等因素，也包括技术进步、制度、开放等非物质要素，以及这些要素之间的相互作用。

（二）山东要素保障创新的重要意义

有助于促进山东经济长期稳定增长。党的十九大报告提出了新时代“两步走”战略目标。从山东情况看，2020 年全省人均 GDP 为 72151.4 元，略高于全国水平。下一步，山东要如期实现“两步走”战略目标，必须保持与全国基本相当的经济增速；要实现“走在前、开新局”的目标，需要更高的经济增速作为保障；支撑国家建设现代化强国战略目标的要求，更需要在较长时期内保持较高的潜在增长率并为全国的经济增长作出贡献。理论和实践都证明，增加要素数量、提高要素质量、改善配置效率是实现这一宏观目标的重要基础。特别是当前受全球新冠疫情影响，消费低迷、进出口放缓、经济面临下行压力，积极扩大“有效投资”成为实现经济稳定增长的关键抓手。而所谓“有效投资”，是指投资回报率高于社会平均回报，乘数效应较高且有助于形成资本的投资。如何形成“有效投资”，关键在于强化项目落地执行能力。实施要素保障创新行动，着力破除阻碍要素科学自主有序流动的体制机制障碍，有利于尽快形成项目建设实物工作量，有利于提升市场主体投资预期、平稳市场情绪、逐步引导经济走出低谷并恢复到潜在增长率水平。

有助于优化山东经济结构。山东传统重化工业发展积淀深、比重大，新兴产业占比较低，新经济规模偏小，产业结构优化升级还需持续加力。同时，山东作为全国重要的能源和原材料生产基地，能源消耗总量、主要污染物排放总量均居全国前列，节能降耗、污染减排难度加大，资源环境承载力接近上限。近年来，山东深入实施新旧动能转换重大工程，其根本目的在于形成与发展水平相适应的经济结构。而经济结构调整，就是生产要素在不同行业、不同区域或不同城市之间的再配置。实施要素保障行动，有利于要素加速流向新经济，有利于倒逼落后动能加快转型、促进产业结构优化升级。例如，在坚决遏制“两高”项目盲目发展方面，通过严格实行产能、能耗、煤耗、碳排放、污染物排放“五个减量替代”，推动“两高”行业加快提升能源资源利用水平；在培育壮大新动能方面，加大财政资金投入力度，设置融资绿色通道，强化土地、能耗、煤耗等指标要素保障，推动新兴产业不断壮大发展。

延伸阅读

50 家鲁企入围 2022 中国企业 500 强

2022 年 9 月 6 日，中国企业联合会、中国企业家协会在京举办新闻发布会，发布了“2022 中国企业 500 强”榜单。在地域分布上，京、粤、鲁三省市 500 强企业分布最多，其中山东入围企业数量为 50 家，占到中国企业 500 强的 1/10。

中国企业 500 强日益成为全球经济中令人瞩目的经济力量。榜单显示：2022 中国企业 500 强营业收入总额达到 102.48 万亿元，首次突破百万亿元大关。中国企联党委书记、常务副会长兼理事长朱宏任在会上表示，目前中国企业 500 强规模增长快于美国 500 强，规模总额已经与美国 500 强基本相当。2022 中国企业 500 强的营业收入总规模相当于美国 500 强的 97.74%；资产总额相当于美国 500 强的 106.46%，已连续两年超过美国 500 强。同时，今年入围世界 500 强的内地企业数量增至 133 家，连续 3 年居首位。

图为在位于山东潍坊的潍柴集团总装车间，工人在流水线上装配发动机。
图片来源：新华社

山东入围企业数量已经连续多年位居中国企业500强排行榜第3位。近几年的中国企业500强名单，前3名地域分布情况为：2020年，北京97家，广东57家，山东47家；2021年，北京93家、广东58家、山东50家；今年北京88家、广东59家、山东50家。这说明，近些年山东入围企业数量一直比较稳固，这也客观反映出山东在我国经济棋局中的重要地位。

资料来源：《大众日报》2022年9月7日

有助于夯实山东经济微观基础。市场主体是经济发展的根基所在，也是社会主义市场经济的微观基础。要促进经济持续健康发展，必须不断保护和激发市场主体活力。近年来，山东千方百计保护市场主体，持续推进高质量市场主体培育，激发市场主体活力。同时，积极贯彻落实习近平总书记关于加强企业家队伍建设、弘扬优秀企业家精神的重要指示要求，引导企业家在推动山东高质量发展中贡献更大力量，推动企业发挥更大作用、实现更大发展，为经济发展积蓄基本力量。激发市场主体活力，必须要保证各类市场主体平等获取生产要素，使技术和管理水平高、生产效率高、要素回报高的企业能够在竞争中胜出。实施要素保障行动、开展要素市场化配置改革，有利于各类市场主体有更多活力和更大空间去发展经济、创造财富。要素市场中的优胜劣汰将促使具备竞争优势的企业不断扩大规模，使用更多生产要素，进而使要素向生产效率高、竞争力强、有创新活力的行业和企业集聚。

有助于山东扎实推进共同富裕。实现共同富裕要求健全劳动、资本、土地、知识、技术、管理、数据等生产要素由市场评价贡献、按贡献决定报酬的机制。当前我国收入分配不合理的成分中，有相

山东积极发展乡村旅游、休闲农业等新产业新业态，2021 年休闲农业销售收入 460 多亿元，农村生活环境更加优美。图为山东省泰安市岱岳区泰山九女峰乡村振兴示范区。

图片来源：求是网

当一部分源于要素回报不合理，其根源在于生产要素配置扭曲。近年来，山东立足基础优势，抓重点补短板，在高质量发展中探索共同富裕山东路径。山东作为东部省份，不仅相对西部省份具有特殊性，即便相对其他东部省份，也具有一定的特殊性，因此山东一直在探索具有山东特色、能充分体现和适应山东具体省情的共同富裕实现路径。山东省要实现共同富裕的目标，必须不断缩小地区差距、城乡差距、收入差距。推动生产要素在全省各城市间、城乡间合理高效配置，通过完善市场机制保证各类要素公平获得回报，是缩小发展和分配差距，实现共同富裕的客观要求。

（三）山东要素保障创新的有利条件

山东具备良好的经济和产业基础，有助于吸引中高端要素高效集聚。一是经济实力雄厚，发展基础较好。山东是中国经济南北联接的重要枢纽，区位优势明显，具备以陆促海、以海定陆，实现陆海统筹的良好条件。2021 年山东经济总量在全国各省、市、自治区中排名第三，仅次于广东和江苏。优越的区位条件和较强的经济基础，可以进一步发挥要素配置的规模经济优势和范围经济优势，吸引了中高端要素集聚，提升要素协同配置效率。二是产业结构均衡，要素优化配置基础较好。2021 年，三次产业结构比为 7.3 ∶ 39.9 ∶ 52.8。三次产业对 GDP 增长的贡献率分别为 6.6%、35.1%、58.3%，2021 年，“四新”经济增加值占地区生产总值比重达到 31.7%，高新技术产业产值占规模以上工业总产值的 46.8%。持续优化的产业结构有利于推动要素持续向具备更大潜力和更高回报的产业流动，提高要素产出，提升要素回报。三是技术积累雄厚，创新优势引领基础较好。创新型省份建设取得显著成效，创新引领作用显著增强，具备在更强创新能力上促进要素市场化配置的条件。良好的创新基础有利于进一步集聚先进要素，协同推进要素升级和产业升级。

山东具备良好的要素市场化配置基础，有助于发挥交易平台和市场主体优势提升要素配置效率。一方面，市场主体数量与质量快速并行发展。企业数量快速增长，质量持续提升，市场运行的微观主体基础不断夯实，具备以高质量市场主体推动要素市场化配置的良好条件。每万人拥有的市场主体数为532.1户，其中每万人拥有企业和个体工商户数量分别为179.65户和352.46户。市场主体数量持续增长、质量持续提升，为实现要素市场化配置奠定了市场基础。另一方面，区域性要素交易平台支持资源配置。山东围绕要素有序流动和高效配置成立了一批全国性区域性要素交易平台和省级要素专业化国企集团，具备以高质量平台推动要素市场化配置的良好条件。

山东具备良好的改革探索基础，有助于落实要素改革举措和完善体制机制。一是持续推进全国性重大改革试点。山东改革连续性强，已经开展了若干重大全国性改革试点工作，承接深化要素创新配置改革的基础较好。自贸试验区试点任务实施率达到98.2%，彻底放开城镇落户门槛，探索实施了一批土地集约利用、人才体制机制、数据开放共享新机制。二是深入推进新旧动能转换重大工程。山东是全国唯一的新旧动能转换综合试验区，正在持续系统推进新旧动能转换的各项改革工作，有利于进一步发挥要素市场化配置改革的牵引作用。2021年11月，“山东省加快新旧动能转换着力推动经济高质量发展”被国务院作为第八次大督查发现的典型经验做法予以通报表扬。新旧动能转换相关的改革探索可以在要素创新配

2022 年 8 月，山东省人民政府办公厅印发《济南新旧动能转换起步区发展规划（2021—2035 年）》。起步区战略定位为黄河流域生态保护和高质量发展的新示范，山东新旧动能转换综合试验区的新引擎，高水平开放合作的新平台，绿色智慧、宜居的新城区。图为济南新旧动能转换起步区。图片来源：闪电新闻

置中发挥领航作用。三是在国家层面一系列重大要素改革试点中积累经验。在土地、劳动力、资本、技术、数据等领域，山东承担了国家层面一系列重大改革试点工作，为要素市场化配置综合改革试点积累了经验，为开展要素创新配置奠定了基础。

山东践行新发展理念成效显著，有助于率先实现要素改革目标的基础。一方面，建立了持续完善生态环境的体制机制。山东牢固树立“绿水青山就是金山银山”理念，统筹推进生态环境高水平保护和经济社会高质量发展，持续改善生态环境质量，持续完善生态环境领域体制机制。生态环境治理体系和治理能力现代化水平持续提升为持续推进资源环境要素创新配置提供了有利条件。另一方面，在制度型开放上迈出坚实步伐。山东深度参与共建“一带一路”，

以园区为载体持续扩大开放，中国（山东）自由贸易试验区、中国—上合组织地方经贸合作示范区建设稳步推进，推动创建中日韩地方经贸合作示范区。山东对外开放水平持续提升有利于推动国内国际双循环相互促进，充分吸引利用先进要素，为提升山东开放环境下的要素配置和利用水平奠定基础。

二 山东要素保障创新回顾与展望

近年来，山东深入贯彻新发展理念，深入推进高质量发展，不断提升要素供给质量，不断改善要素供给结构，不断优化要素配置机制，要素保障能力建设水平持续提升，为经济社会高质量发展提供了有力支撑。

（一）山东要素保障创新的经验做法

在全国率先建立“要素跟着项目走”保障机制。2020 年，率先在全国建立“要素跟着项目走”机制，在土地、能耗、环境容量、水资源、资金等方面出台实施细则，为项目落地创造良好环境和稳定预期。现已在多个领域探索出先进经验，要素利用水平得到明显提升。能耗方面，在全国创新实行能耗指标收储交易，率先开展单位能耗产出效益综合评价，“十三五”期间万元 GDP 能耗下降率好于国家下达目标任务 3.4 个百分点，2021 年能耗强度下降工作圆满完成省定目标任务。土地方面，坚持节约集约发展导向，把处置批而未供和闲置土地情况作为确定新增建设用地计划指标的重要因素，加强项目建设用地保障。环境容量方面，以市域为单位统筹使用污染物排放总量指标，鼓励企业参与全国碳排放权交易，率先在全国研究起草“两高”项目碳排放减量替代办法。水资源方面，出台《关于落实和完善节水激励政策的意见》，通过政策引导、资金奖励、价格调节等手段，增强节水内生动力，选树一批节水型社会达标县域、节水型高校和节水标杆单位。资金方面，积极争取地方政府专项债券和中央预算内投资，设立并用好新旧动能转换基金，率先实行金融辅导员制度，全社会融资规模连续3年高于全国平均水平。

优化完善要素市场化配置体制机制。目前我国97%以上的商品和服务价格由市场定价，与商品和服务市场相比，要素市场建设仍相对滞后。为贯彻落实党中央、国务院《关于构建更加完善的要素市场化配置体制机制的意见》，2021年山东出台了贯彻落实意见，聚焦土地、劳动力、资本、技术、数据五方面要素，根据不同要素属性、市场化程度差异和经济社会发展需要，提出20条政策措施，切实激发各类要素潜能和活力，有效对冲新冠肺炎疫情影响。贯彻落实意见重点把握了三方面关系：一是把握好政府作用和市场作用的关系。注重体制机制创新，主要通过政府建制度、搭平台、强服务，来营造市场在资源配置中发挥决定性作用的环境，减少政府通过行政手段直接配置要素。二是把握好全面推开和试点示范的关系。对看得准、可落地、能见效的政策措施全面推开，对拿不准、探索性、效果不确定的政策举措先开展试点示范，取得经验后再推开。三是把握好长期目标和短期目标的关系。在加强顶层设计、整体谋划的同时，更加注重目前急需解决的问题。

积极争取国家要素市场化配置综合改革试点。2021年12月，国务院办公厅印发《要素市场化配置综合改革试点总体方案》。方案立足改革实践和发展需要，围绕健全体系、完善制度、畅通循环、高效配置提出了一系列试点任务，并指出要确定一批试点地区。为此，山东制定了全省要素市场化配置综合改革试点实施方案，加大汇报衔接力度，争取纳入国家综合改革试点范围。

（二）山东要素保障创新面临的问题与挑战

与实现“走在前、开新局”目标相比，山东在要素保障方面仍然面临一些问题，尤其是在推进区域要素市场一体化过程中，面临要素跨区域、跨行业高效有序流动的一系列障碍，导致要素向先进生产力有效集聚、响应国家重大战略部署实现协同配置的能力仍然不强，要素市场改革的推进动力和地方大胆探索的空间仍然不足。这些问题很多都是其他省（市、自治区）在配置要素资源过程中可能碰到的共性问题。例如，存在对跨区域投资建厂的限制，部分城市为了发展经济往往制定了各类优惠政策吸引外来投资，但在面对本地龙头企业进行跨区域布局时，地方政府往往通过游说、利诱等方式试图将企业的投资留在本地；科技成果跨区域转移转化存在约束，部分城市为了将科技成果留在本地，设置了各种限制，制约了科技要素的跨区域流动，也影响了科技成果转化的成效；资源环境要素的外部性难以内部化，以煤炭、铁矿石、稀土等矿产资源为例，在开采过程中，资源开采地所获得的收益难以完全反映资源产品价值和生产修复成本，而资源使用地却以较低的价格获得了资源要素，推动了经济增长、税收、就业等多方面收益。

（三）山东要素保障创新的思路举措

为推动要素保障创新行动顺利实施，山东制定了《要素保障创新 2022 年行动计划》（以下简称《行动计划》）。《行动计划》

聚焦项目建设，围绕能耗、土地、资金、环境容量、数据五大资源要素，坚持有为政府和有效市场相结合、省级统筹和分级配置相结合、用好增量和挖潜存量相结合、破解制约和完善机制相结合，提出了27项年度主要工作任务及5项保障措施。这些任务措施的制定，一方面突出针对性和可操作性，按照工程化、项目化、清单化的要求，细化实化目标任务，逐一明确牵头部门和配合部门，确保行动计划可落地可实施；另一方面突出时效性和延展性，坚持长短结合，既聚焦完成2022年目标任务，也着力为近期经济平稳运行提供强力支撑。

总的来看，《行动计划》表现为“五个更加注重”。一是更加注重扩大有效供给。主要通过两方面扩大有效供给，为经济发展直接注入活力。一方面，准确把握国家政策导向，有效利用国家利好政策；另一方面，用好省级统筹要素，加大向基层释放力度。二是更加注重挖潜现有存量。坚持节约优先，实施全面节约战略，积极挖潜各类要素内生动力，为破解资源要素制约“做减法”。三是更加注重发挥市场手段。以要素市场化配置为突破口，在能耗指标、排污权、资金保障、数据要素等方面加大交易力度，推动生产要素从低质低效领域向优质高效领域流动，切实盘活“沉睡”要素资源。四是更加注重健全工作机制。注重发挥政府引导作用，在符合国家政策要求、不影响市场手段发挥的前提下，强化“先立后破”，通过流程再造、制度重塑等方式，进一步健全完善现有工作体制机制，促进要素利用水平进一步提升。五是更加注重完善保障措施。围绕更好发挥市场作用，《行动计划》提出了若干条有力保障措施，包括争取纳入国家要素市场化配置综合改革试点范围、加快推进公共资源交易数字化建设、大力维护市场公平竞争秩序等。

三 加快实施新一轮要素保障创新行动

只有不断健全完善要素保障，才能持续有力服务经济社会发展；没有要素保障支撑，经济社会发展就会成为无源之水。在整个创新体系战略中，要素保障创新具有基础性地位和关键性作用。“走在前、开新局”更加需要要素保障创新先行，山东必须以高质量的要素保障创新为高质量发展提供坚实支撑。

（一）创新能耗指标保障，破解用能瓶颈制约

积极扩大非“两高”项目建设用能指标来源。一方面，从国家下达山东能耗指标增量中，拿出一定额度用于支持各市非“两高”项目建设；另一方面，准确领会国家关于新增可再生能源不纳入能源消费总量考核的政策导向，鼓励各市大力发展新能源和可再生能源，明确将光伏发电形成的能源增量全部留给所在市、海上风电和核电形成的增量50%留给所在市，用以保障非“两高”项目建设用能需求。这些政策举措将进一步缓解非“两高”项目建设用能需求。

合理保障“两高”项目建设用能需求。按照国家关于坚决遏制“两高”项目盲目发展的决策部署，对新上“两高”项目实行产能、能耗、煤耗、碳排放、污染物排放“五个减量替代”，确保“两高”行业能耗煤耗只减不增。但随着新旧动能转换的深入推进，各市淘汰落后动能空间逐步压缩，新上“两高”项目替代来源有限，特别是涉及钢铁、石化等重大生产力布局项目，所需指标数量较大，单凭所在市指标供应难以解决。新一轮要素保障行动将从两个方面

为助力企业园区减碳，打造“零碳”工业园，万华化学集团大力实施节能技术改造，不断提高能源利用效率。2017—2021 年，万华化学节能降耗项目共节约能源消耗 25.4 万吨标煤，减少二氧化碳排放 66 万吨。图为万华化学集团在匈牙利主导开发的以化工、轻工、机械制造、物流等为核心产业的中国匈牙利宝思德经贸合作区。

图片来源：《求是》

扩大“两高”项目能耗指标来源。一方面，进一步强化省级统筹，对省内“两高”行业产能整合转移腾出的指标，实行有偿收储，并规定省级收储的指标优先用于产能转入地项目建设，确保“既充分调动转出地积极性，又充分保障转入地能耗、煤耗需求”。另一方面，对符合条件的“两高”项目，在项目所在市作出承诺并编制提出“十四五”规划期内分布筹措方案后，可从省级统筹的能耗指标中，拿出 500 万吨左右指标，通过“过桥”方式予以保障。

进一步完善能耗双控制度。严格落实国家要求，将生产烯烃、芳烃、化肥、农药、醇类等产品过程中的原料用能不再纳入能耗双控考核，推动能源多重属性回归，为众多企业特别是化肥生产企业等破解制约。对于能耗双控考核，科学合理下达各市“十四五”能耗双控目标任务，进一步优化考核频次，确保既要压实各级责任，又忌简单实施年度考核；对超额完成“十四五”能耗双控强度下降目标任务的市，免予能耗总量考核。

延伸阅读

新增可再生能源和原料用能不纳入能源消费总量控制解读

原料用煤和燃料用煤是不同的。比如，煤化工领域将煤制成塑料、化肥等，在生产加工过程中，消耗一部分煤炭作为燃料，也有一部分煤炭作为原料被带进了工业产品。通常燃料用煤排放的都是二氧化碳；原料用煤则转化为产品或下游产品的原料，其排放仅为燃料煤排放的 20%。所以，在统计上分开计算，在管理上分开考核，有助于做到管理的精细化。此外，新增原料用能不纳入能源消费总量控制，充分考虑了我国煤炭资源丰富的基本国情，有利于促进原料用煤产业发展，调动企业清洁高效利用煤炭资源的积极性。

新增可再生能源不纳入能源消费总量控制，有助于我国加快构建现代能源体系。截至 2020 年底，我国非化石能源消费比重仅达 15.9%。为了实现碳达峰、碳中和的目标，我国非化石能源消费比重 2025 年要达到 20% 左右，到 2030 年达到 25% 左右，到 2060 年达到 80% 以上。全面推动能源转型，要大力推行可再生能源替代行动，大力发展风能、太阳能等，不断提高非化石能源消费比重。新增可再生能源不再纳入总量考核，旨在鼓励可再生能源和非化石能源的发展，有助于实现中央设定的能源转型的目标。

资料来源：《中国环境报》2022 年 2 月 16 日

（二）创新土地要素保障，实现集约节约发展

强化重点项目建设规划服务保障。国土空间规划是空间发展的指南，是各类开发保护建设活动的基本依据。建立国土空间规划体系并监督实施，是党中央、国务院作出的重大决策部署，也是理顺规划体系、实现“多规合一”的基础性工作。而科学划定“三区三线”，则是编制国土空间规划的关键。在“三区三线”划定和新一轮国土空间规划批复前，现行土地利用总体规划、城市（镇）总体规划仍具有法律效力，继续执行，各地不再新编和报批主体功能区规划、土地利用总体规划、城镇体系规划、城市（镇）总体规划。对现行土地利用总体规划、城市（镇）总体规划实施中存在矛盾的图斑，要结合国土空间基础信息平台的建设，按照国土空间规划“一张图”要求，作一致性处理，以此作为国土空间用途管制的基础。

积极争取国家用地支持。一是争取省级重点基础设施项目新增用地。自 2020 年至今，国家对纳入省级人民政府重大项目清单的单独选址的交通、能源、水利等基础设施项目实行重点保障，在批准用地时，由国家配置指标。山东则将省重大项目、省重点项目清单中的基础设施项目，以及省级重点基础设施项目清单中所有项目认定为省级重点基础设施项目，单独安排用地指标。二是争取农村村民住宅建设新增用地。对农村村民住宅建设新增用地规模进行摸底，经省级人民政府同意后报自然资源部，争取由国家土地指标保障支持。三是争取增减挂钩节余指标。根据国家《巩固拓展脱贫攻坚成果同乡村振兴有效衔接过渡期内城乡建设用地增减挂钩节余指标跨省域调剂管理办法》，山东 5 年过渡期（2021 年至 2025 年）内，可从其他省份跨省购入节余指标。2022 年以来，

山东先后与重庆市、甘肃省、新疆维吾尔自治区等对口帮扶省（市、自治区），及湖北省、湖南省、新疆生产建设兵团等进行了反复沟通对接。下一步将结合各市用地需求和社会经济发展形势，适量购入节余指标，补充山东建设用地指标总量，强化土地要素支撑能力。

延伸阅读

城乡建设用地增减挂钩

城乡建设用地增减挂钩是指依据土地利用总体规划，将若干拟整理复垦为耕地的农村建设用地地块（即拆旧地块）和拟用于城镇建设的地块（即新建地块）等面积共同组成建新拆旧项目区，通过建新拆旧和土地整理复垦等措施，在保证项目区内各类土地面积平衡的基础上，最终实现增加耕地有效面积，提高耕地质量，节约集约利用建设用地，城乡用地布局更合理的目标。

资料来源：《城乡建设用地增减挂钩试点管理办法》

实施重大项目新增指标提前预支政策。按照土地利用计划管理有关规定，建设项目用地报批前必须落实用地指标，否则属于“无计划批地”，建设用地批文无效。在国家明确土地计划指标管理方式前，为做好急需落地的项目用地保障工作，各市可按照 2021 年核补指标的 50% 预支新增用地指标，全省预支总量超过 10 万亩，用于保障急需开工项目用地。对于符合使用国家和省级统筹指标的省级以上重点基础设施项目、省重大项目、农村村民住宅项目，不计入各市预支数量，实行随报随用、应保尽保。

加大存量土地盘活挖潜力度。为推动批而未供和闲置土地处置，提高土地节约集约利用水平，自然资源部自 2018 年开始，对两年以上批而未供土地下达处置消化任务并进行考核，逐步推行“增存挂钩”，即配置新增建设用地计划指标与处置批而未供和闲置土地等存量土地挂钩。2020年以来，自然资源部均采用逐年下达的方式，根据上一年度全国批而未供和闲置土地消化处置情况，明确当年配置计划指标与处置存量土地挂钩的比例。山东在完成国家下达任务量的基础上，再上浮10%作为省级任务下达各市，提高第二年配置新增建设用地计划指标基数。

深入推进用地制度改革。从2021年起，山东在重点区域工业用地全面实行“标准地”出让。“标准地”是指在完成区域评估的基础上，对工业项目国有建设用地，明确固定资产投资强度、建筑容积率、单位能耗标准、单位排放标准、亩均税收等控制性指标的拟出让宗地。“标准地”制度的实施，有助于深化“亩产论英雄”理念，进一步助推审批制度改革，营造节约集约用地氛围。

（三）创新资金要素保障，畅通实体经济血脉

突出抓好项目建设和企业发展融资保障。贷款是资金要素保障的基本盘，增强资金要素保障，关键是要保持信贷总量的稳定增长。利用山东银企对接服务平台，将省级重点项目、全省技改项目、省级“技改专项贷”项目、涉农重点项目清单、碳金融重点项目等推送给金融机构，以项目对接促进信贷稳定增长。同时，用好普惠小微贷款支持工具和再贷款再贴现等政策工具，创新“再贷款+绩效评价”“再贷款+融资担保”“再贷款+财政奖补”模式，引导地方法人银行加大对小微企业支持力度。

突出抓好金融辅导和管家服务。金融辅导和管家服务对于打通供需对接“最初1公里”和金融政策传导“最后1公里”具有积极

意义。通过实施新一轮要素保障，深入推进金融辅导“扩面提质攻坚”行动，紧密对接新旧动能转换、黄河流域生态保护和高质量发展等重大战略，将小微、涉农、科创、制造业、“专精特新”等更多市场主体纳入金融辅导范围，稳步扩大金融管家试点范围。

突出抓好企业上市培育。推动企业上市是有效降低融资成本、提升企业素质、促进动能转换的重要途径。一方面持续开展企业上市培育行动。深入挖掘上市后备资源，建立起“数量多、来源广、成色促、结构优”的全省上市后备资源库，入库企业超过3000家。强化与交易所务实合作，签署战略合作备忘录，积极推动上交所、深交所山东基地有效运行，推动北交所、全国股转系统山东服务基地落地运行。另一方面大力畅通企业上市渠道。用好企业上市政务服务直通车机制，通过实地调研、座谈交流、致函协调等多种方式，切实帮助企业协调解决困难问题，有效加快企业上市进程。

突出抓好省综合金融服务平台建设。省综合金融服务平台建设对提升金融数据治理水平、突破金企信息不对称瓶颈具有积极促进作用。新一轮要素保障行动将进一步发挥省综合金融服务平台机制作用，在充实、完善、提升上下功夫，力争实现主要银行机构接入，引导条件成熟的市级平台接入省平台，并加强政务数据在金融领域的治理应用，初步形成数字化综合金融服务生态，更加密实服务实体经济、更加有力推动普惠金融、更加便捷支持帮助中小微企业。

突出抓好区域金融改革。做好金改试验区创建工作是带动提升现代金融内生动力的关键一招。新一轮要素保障行动将重点开展三项工作：一是全面启动济南市科创金融改革试验区建设，抓好《山东省济南市建设科创金融改革试验总体方案》落实工作，持续健全完善组织领导、工作机制、配套政策、督导激励等推进体系。二是深化推进临沂市普惠金融服务乡村振兴改革试验区建设，聚焦聚力涉农信用信息整合、金融组织体系健全、金融服务下沉、公益及半公益项目融资等重点改革任务，着力打造普惠金融支持乡村振兴齐鲁样板。三是积极推动威海市绿色金融改革创新试验区申建工作。

突出抓好绿色金融发展。用好碳减排支持工具和支持煤炭清洁高效利用再贷款，建立省级碳金融重点项目库，组织银行对入库项目实现银企 100% 对接。推动商业银行建立绿色信贷专营机制和创新绿色信贷产品，探索开展碳排放权、排污权、用能权等环境权益抵质押贷款及可再生能源项目补贴确权贷款。积极引导绿色金融研究院等研究咨询机构加强规划研究，为健全完善绿色金融制度体系提供决策依据。

（四）创新环境容量保障，守牢生态保护底线

持续改善环境质量。坚持方向不变、力度不减，坚持降碳、减污、扩绿、增长协同治理，深入打好污染防治攻坚战，持续改善生态环境质量，力争更多的设区市及县（市、区）实现环境空气质量达标，减轻倍量替代的压力。如果某设区市环境空气质量达标，即可实现等量替代，相当于新增 1 倍污染物总量指标存量。

实施新一轮“四上四压”行动。坚持“四上四压”操作路径，坚决落实“上新压旧、上大压小、上整压散、上高压低”原则，最大限度释放污染物总量替代指标。通过淘汰落后产能、取缔落后工艺，为新上项目腾出总量指标，切实解决新旧动能转换实施中的环境要素瓶颈问题。

统筹保障全省重点项目。为确保环境质量不恶化并得到持续改善，实行污染物总量指标市域内平衡的原则，指导各市统筹辖区内

可用污染物替代指标，重点保障新旧动能转换重大项目。

实行污染物削减量预支。按照“先立后破”的原则，对重点建设项目所需的污染物总量指标，允许各市从“十四五”期间拟关停、淘汰的现有企业、设施或治理项目形成的污染物削减量中预支，但前提是削减替代措施必须在新项目投产前全部完成。

打造黄河下游绿色生态廊道。黄河三角洲是我国暖温带湿地生态系统的代表，栖息野生鸟类达到 371 种。图为位于山东省东营市的黄河三角洲国家级自然保护区。

图片来源：求是网

深入开展排污权交易试点。指导两个试点城市完成排污权收入、价格及交易流转等配套政策制定，完成全省排污权交易平台搭建。在政府宏观指导下，通过市场机制盘活闲置的排污权指标，充分发挥市场在优化要素配置中的重要作用，努力做到“政府有为、市场有效”，积极探索采用市场化手段，拓宽污染物排放总量指标来源。

（五）创新数据要素保障，发挥基础性资源作用

加快构建全省一体化数据资源体系。采取“物理汇聚”和“逻

辑汇聚”相结合的方式，加快构建“1+16+N”的全省一体化大数据平台体系（即1个省级主平台、16个设区市平台子节点、N个行业分节点），分级分类分步推进政务数据统一汇聚管理、统一提供共享服务。

创新数据供给汇聚模式。数据供给方面，在全省启动开展数字机关建设，加快推进各级各部门业务数字化。按照“业务—系统—数据”匹配的原则，梳理数据生产“责任清单”，按照急用先行、分类推进的原则，补齐数字化短板，强化数据供给。数据汇聚方面，基于省一体化大数据平台，系统谋划基础库、专题库、主题库、通用办公库“四库一体”的数据资源体系，推动数据跨部门、跨层级、跨区域汇聚。创新汇聚方式，实行“物理汇聚”和“逻辑汇聚”相结合。结合疫情防控等工作需要，将数据汇聚范围拓展至出行、通信、水电气暖等公共数据。

开展大数据创新应用突破行动。组织开展大数据创新应用突破行动，推动各级各部门、各行业各领域创新运用数字化思维和技术，解决公共服务、社会治理、科学决策等方面的重点、难点、堵点、痛点问题，积极打造便民利企智慧应用场景，让群众切实感受到数字化发展带来的便捷和实惠。一是助力便民惠民。围绕公众关心的婚育、教育、就医、救助、养老等领域，加快提升“从生到老”全生命周期的数字化惠民服务能力。二是助力企业发展。围绕企业开办、准营、运营、退出等全生命周期事项，探索基于企业“数字画像”，推动相关业务整合、流程优化，促进惠企政策精准匹配，助力优化营商环境。三是助力社会治理。围绕推进治理体系和治理能力现代化，加快推动大数据在社会态势感知、综合分析、预警预测等领域的融合应用，推进社会治理精准化、协同化、高效化。

健康山东建设深入推进，“互联网 + 医疗健康”服务生态初步形成。2020 年 1 月，由国家卫生健康委和山东省人民政府共建的国家健康医疗大数据中心（北方）建成。图为国家健康医疗大数据（北方）中心。 图片来源：大众网

加快推进数据资源交易流通。用好山东省数据交易平台，积极推进市级分平台、行业分平台建设，探索数据先登记再交易模式。用好山东省数据要素创新创业共同体，有效联动“政产学研金服用”各类创新要素，促进数据生产、采集、汇聚、管理、流通、分析、应用等全产业链协同发展。

总之，山东加快实施新一轮要素保障创新行动，既是对要素保障创新工作的进一步深化细化优化，也是贯彻落实中央关于“稳定经济运行”要求的有力举措，对于提高要素保障能力、实现要素高效配置、激发经济发展内生动力、促进经济社会高质量发展意义重大，必须将要素保障创新工作抓实抓好。

第七章 加强民生改善创新

民之所盼，政之所向。党的十八大以来，习近平总书记先后4次视察山东，强调要“切实做好保障和改善民生、创新社会治理这篇大文章”“多谋民生之利、多解民生之忧”“不断改善人民生活、促进共同富裕”，为山东进一步做好保障和改善民生工作、扎实推进共同富裕提供了科学指引和根本遵循。山东牢记习近平总书记嘱托，全面落实习近平总书记对山东工作的重要指示要求，认真践行以人民为中心的发展思想，始终把保障和改善民生作为一切工作的出发点和落脚点，加强民生改善创新，不断增进民生福祉，群众获得感、幸福感、安全感不断增强，人民生活品质实现新跃升。

一 民生改善创新是增进民生福祉的关键抓手

人民对美好生活的向往，就是我们的奋斗目标。习近平总书记强调，要坚持人民主体地位，顺应人民群众对美好生活的向往，不断实现好、维护好、发展好最广大人民根本利益，做到发展为了人民、发展依靠人民、发展成果由人民共享。办好民生之事，关键是要善于改革创新，以新招数新思路新举措，多谋民生之利、多解民生之忧，在实践中把“民生清单”变成百姓“幸福账单”，让发展阳光照进每个人的生活。

（一）满足人民美好生活的需要

党的十九大报告指出，我国社会主要矛盾已经转化为人民日益增长的美好生活需要和不平衡不充分的发展之间的矛盾。我国社会主要矛盾变化的重大判断，是根据中国特色社会主义进入新时代这个新的发展历史方位作出的，深刻反映了我国社会生产和人民对美好生活需求的新变化。

人民期待共同富裕的新生活。共同富裕，是社会主义的本质要求，是中国共产党人始终如一的价值取向。习近平总书记指出，广大人民群众共享改革发展成果，是社会主义的本质要求，是我们党坚持全心全意为人民服务根本宗旨的重要体现。我们追求的发展是造福人民的发展，我们追求的富裕是全体人民共同富裕。新时代中国特色社会主义的一个鲜明特征，就是全国各族人民团结奋斗、不断创造美好生活、逐步实现全体人民共同富裕。新时代，人民期望在经济增长的同时收入同步增长，人人都能够分享改革发展带来的丰硕成果，人人渴望安居乐业、衣食无忧，过上比较宽裕乃至较为富足的生活。

人民期待更加公平正义的新生活。人们在物质生活丰富后，必然对公平正义有着更高层面的需求。新时代，人民不仅在经济需求上由原来的基本生活满足型转向综合发展型和富裕提升型，而且更希望在民主、法治、社会参与等方面获得更加公平正义的公共服务，更加渴望人人获得权利公平、机会公平、规则公平，更希望共同享有人生出彩的机会，共同享有梦想成真的机会，共同享有同祖国和时代一起成长与进步的机会。

人民期待更加幸福安康的新生活。在基本生存型民生目标得到满足后，人民群众的需求会逐步从追求量转向追求质。新时代，人民日益增长的美好生活需要，不仅对物质文化生活提出了更高要求，而且希望有更优质的教育、更稳定的工作、更满意的收入、更完善的社会保障、更可靠的食品安全、更高水平的医疗卫生服务、更舒适的居住条件、更优美的环境，未成年人能成长得更好，各行各业的从业者能工作得更好，城乡广大人民群众都能生活得更加幸福。

（二）解决人民群众“急难愁盼”的需要

千头万绪的事，说到底是千家万户的事。习近平总书记指出，要从最困难的群体入手，从最突出的问题着眼，从最具体的工作抓起，通堵点、疏痛点、消盲点，集中全力做好普惠性、基础性、兜底性民生建设。

解决人民群众的“急难愁盼”要问需于民。人民群众的所思所想、所急所盼随着时代的发展而不断变化，只有做到问需于民，才能明确问题导向、找准切入角度。一方面，要完善自上而下的需求摸排机制，改善调查研究手段，及时掌握群众诉求关切，从而作出有效的政策安排与制度设计；另一方面，要优化自下而上的诉求反馈机制，让人民群众的切实需求直接成为实际工作的指挥棒，从而更好实现知民意、解民忧。“问需于民”既要具有普遍性，充分挖掘社会普遍关切的共识性问题，又要具有针对性，对新社会阶层、新就业群体、社会弱势群体等提供表达诉求的渠道平台，让相关服务政策更加精准。

解决人民群众的“急难愁盼”要问计于民。想要找到解决老百姓“急难愁盼”问题的好办法、新招数，光靠苦思冥想、闭门造车是不行的，只有充分发挥群众的主体性、能动性，把人民群众中蕴藏着的智慧和力量充分激发出来，才能找到解决问题的好主意。“问计于民”必须与党的集中统一领导紧密结合，在充分听取各方意见、了解各方诉求、汲取群众智慧的前提下，综合判断、科学决策，并形成明确实施机制，真正将人民群众的智慧变成解决问题的“高招”。

解决人民群众的“急难愁盼”要问效于民。解决群众问题的办法究竟能不能奏效，最终还是要老百姓自己说了算。在实践中，“问效于民”需要即时性、精准性，借助专业科学的评估工具与客观合理的监测手段，及时把握公众获得感、满意度，适时调整政策、弥补不足。“问效于民”还需要长效性、可持续性，通过定期回访等形式了解群众的诉求有没有得到长效的解决、问题解决后有没有诱发新的矛盾或困难等。应当形成科学有效的评估机制，让群众当好检验政策效力的评判员。

（三）办好民生实事的需要

习近平总书记指出，保障和改善民生没有终点，只有连续不断的新起点。在新发展阶段，要适应民生需求的新变化，聚焦民生领域的新问题，努力把民生保障的好事做得更实，把纾困解忧的实事做得更好。

增收期盼新渠道。当前就业总量压力和结构性矛盾并存，“十四五”时期山东年均需在城镇就业的劳动力超过 200 万人，同时高层次人才和技能人才短缺问题突出，部分新成长劳动力的实践能力难以跟上市场变化。重点群体就业任务艰巨，高校毕业生慢就业、缓就业现象突出，大龄、低技能劳动者就业难度增大。灵活就业和新就业形态劳动者的权益保障需要加强。

教育期盼新发展。学前教育普及普惠度存在地区差异，义务教育发展还不够平衡，高中阶段教育特色化发展水平不高。高等教育、职业教育主动对接服务山东经济社会发展需求不够，在学校布局、学科专业设置、人才培养、科研创新及成果转化方面还有差距。教育评价改革有待深化，德智体美劳全面培养体系还需进一步完善。

就医期盼新体验。公共卫生体系建设需要加快完善，基层卫生服务能力需要全面提档升级，"一老一小"服务存在结构性矛盾，中医药传承创新发展优势不够突出。高端优质医疗资源相对不足，高层次人才数量偏少，高水平科技创新平台、创新成果较少。医保基金收支平衡压力大，待遇保障地区间不平衡、医保基金使用效能不充分等问题比较突出。

居住期盼新改善。城镇住房供应结构性矛盾尚未有效缓解，新市民、青年人等群体住房困难问题仍然比较突出，困难家庭的基本住房需求解决不够充分。住房租赁市场发展相对滞后，住房租售结构不合理，租赁住房供应不充分、支持政策不完善，与居民多样化住房需求还不匹配。农村房屋以传统自建房为主，安全隐患点多面广。农村地区清洁取暖成本较高，改厕长效管护机制还未全面建立。

养老期盼新服务。根据第七次全国人口普查结果，山东 60 岁及以上老年人口 2122.1 万，占全省人口的 20.9%，高于全国 2.2 个百分点，人口高龄化、失能化趋势加快。多层次养老服务需求与供给不足矛盾突出，失能护理、医养结合、高品质养老服务发展不够充分，居家养老较为薄弱，社区养老服务功能不健全。

提升人民生活品质、建设高品质生活是一个内容丰富的实践过程，需要运用系统观念，把握好不同层面上的一系列关系，推动人

紧盯“黄河滩”，聚焦“沂蒙山”，锁定“老病残”，如期打赢脱贫攻坚战，减少省标以下贫困人口 251.6 万人，历史性解除了 7 市 16 县 60 万黄河滩区群众的水患威胁。图为菏泽市东明县长兴集乡 8 号村台。 图片来源：求是网

民生活不断迈上新台阶。把握好城市更新和乡村建设的关系。既要建设繁华的城市，重点是完善生活、生态、人文、安全等基本功能，使城市更健康更安全更宜居更绿色；也要建设繁荣的农村，重点是完善乡村水、电、路、气、通信、广播电视、物流等服务于农村生产生活的各类基础设施，不断改善农村居住环境。把握好政府引导和社会参与的关系。面对人民群众多层次多元化的公共服务需求，仅靠政府投入建设远远不够。必须充分发挥财政投入的引导作用，鼓励和支持多元主体参与非基本公共服务供给，逐步实现非基本公共服务付费可享有、价格可承受、质量有保障、安全有监管。

二 山东加强民生改善创新的基础条件

近年来，山东把“人民至上”体现在增强老百姓的获得感、幸

福感、安全感中，各项民生政策落实落地，办成了一批人民群众关心的大事难事暖心事，为加强民生改善创新、扎实推进共同富裕奠定了坚实基础。

（一）就业大局保持稳定

就业是民生之本，是最大的民生工程、民心工程、根基工程。实施就业优先战略，健全更加充分更高质量就业促进机制，全省就业局势保持总体稳定。2021 年城镇、农村居民人均可支配收入分别较 2017 年增长 38.4% 和 49%。

就业规模进一步扩大。党的十八大以来，全省城镇新增就业连年保持在 110 万人以上，约占全国总量 1/10。城镇登记失业率控制在 4% 以内，城镇调查失业率保持在 5.5% 左右。推动减负稳岗，2021 年发放失业保险稳岗返还 8 亿元。突出创业带动就业，2021 年发放创业担保贷款 226 亿元，贷款总量、增速居全国前列。出台支持灵活就业 20 条，制定新就业形态灵活就业意外伤害保险补贴政策，促进新业态发展。

重点群体就业持续稳定。实施高校毕业生就业创业推进行动，高校毕业生年底毕业去向落实率稳定在 90% 左右。山东是农民工大省，农民工总量 2308 万人，人均月收入达到 4868 元，较 2016 年末增长 39%，高于全国平均值 436 元。建立公益性岗位托底安置制度，2017—2021 年实现失业人员再就业 257 万人，就业困难人员就业 47 万人。实施职业技能提升行动，累计开展补贴性培训 652 万人次。大力发展职业教育（含技工院校），各类职业院校 520 所，在校生 257 万人，每年为经济社会培养输送 70 多万名高素质劳动者和技术技能人才。

延伸阅读

城乡公益岗为就业困难人员的“口袋”兜底

开发公益性岗位，托底安置就业困难人员，是山东统筹城乡就业、促进乡村振兴、推动共同富裕的一项重大制度创新、重要民生实事。山东推出城乡公益性岗位扩容提质行动实施方案，确定“十四五”期间创设120万个左右城乡公益岗，2022年创设40万个左右。

图为山东省滨州市利国乡南五社区公益岗工作人员为群众办理就业登记服务。

图片来源：大众网

在公益性岗位设置和人员安置上，既照顾弱势群体，做好兜底保障，也结合各地实际情况，关注服务效果。着眼补齐公共服务短板，主要开发公共管理、公共服务、社会事业、设施维护、社会治理等5类岗位，其中乡村公益性岗位100万个左右、城镇公益性岗位20万个左右。在以不低于月最低工资标准或小时最低工资标准的薪酬核定工资的同时，倡导一人多岗，干完公益岗定量工作后，提倡再干其他工作，实现工作、照顾家庭、多渠道增收融合促进。

资料来源：《大众日报》2022年4月27日

（二）教育事业全面优质发展

坚持教育优先发展，构建了基础教育综合改革、现代职业教育体系建设、高等教育综合改革和考试招生制度改革“3+1”战略布局，一批标志性的教育惠民重点工程取得明显成效。

基础教育稳步发展。2021年全省义务教育学校1.28万所、在校生1144万名，分别占全国总量的6%、7%。九年义务教育巩固率提高到98.5%，农村义务教育“全面改薄”工程顺利完成，实现建档立卡贫困家庭失学辍学适龄儿童、56人及以上大班额消除和城镇居住区配套幼儿园整治“三个动态清零”。残疾儿童、特困家庭儿童15年教育逐步实现免费，具备受教育能力的残疾儿童少年义务教育入学率达到99.45%。

高等教育内涵式发展。组建新的齐鲁工业大学（山东省科学院）、山东第一医科大学（山东省医学科学院），筹备建设康复大学，成立尼山世界儒学中心。实施省一流学科建设工程和应用型大学建设工程，获批国家一流专业点609个、一流本科课程264门。启动高

积极扩大普惠托育服务供给，促进人口长期均衡发展。图为山东省济宁市托育综合服务平台。
图片来源：大众网

水平大学和高水平学科“双高”建设。

职教高地加快建设。国家示范性中职学校65所、“双高计划”高职院校15所，分居全国第一、二位，参加全国职业院校技能大赛获得金牌数、奖牌数稳居“双第一”。首个部省共建国家职业教育创新发展高地落地山东。畅通技能人才成长渠道，全省职教高考本科录取比例提升到4∶1，中职升学比例超过70%。出台全国首个混合所有制办学政策文件，加快建设国家产教融合试点省份。

（三）社会保障实现扩面提标

坚持“全覆盖、保基本、多层次、可持续”，着力深化社保体制改革，织密社会民生安全保障网，实现制度体系和体制机制同步完善，参保人数与基金收入同步增长，待遇水平与保障能力同步提高。

制度体系加快完善。健全企业养老保险制度，比国家规定时间提前一年实行企业养老保险基金省级统收统支，在全国率先实施机关事业单位养老保险制度改革。完善全民医保制度体系，基本医疗保险实现市级统筹，建立健全大病保险制度，指导开发商业医疗保险惠民保。工伤保险按工程建设项目参保实现全覆盖，生育保险与职工医疗保险合并实施。在全国率先实现职工长期护理保险全覆盖，济南、青岛等地试点实施居民长期护理保险。

延伸阅读

山东成为全国第一个实现职工长期护理保险全覆盖省份

长期护理保险是以互助共济方式筹集资金，为长期失能人员的基本生活照料和与基本生活密切相关的医疗护理提供资金或服务保障的社会保险制度，对减轻失能人员医疗费用负担，提升失能人员生活质量，促进社会和谐具有重要意义。国家“十四五”规划中提出“稳步建立长期护理保险制度”。山东省委、省政府高度重视长期护理保险制度建设工作，推动全省长期护理保险工作走在了全国前列。青岛市2012年在全国率先开展职工长期医疗护理保险试点；2020年国家试点城市扩大到49个，16市全部纳入；出台省直职工长期护理保险制度政策，自2021年12月20日起施行。至此，山东成为全国第一个实现职工长期护理保险全覆盖的省份，且参保人数居全国第1位。

资料来源：人民网，2021年12月20日

保障水平持续提高。“十三五”以来，连续提高退休人员基本养老金，5次提高居民养老保险基础养老金最低标准，失业保险、工伤保险待遇继续增长。居民基本医保财政补助标准提高到580元，较2016年增长41.5%。居民、职工医保住院费用政策范围内报销比例分别由2016年的60%、70%提高到70%左右、80%以上。在全国率先实现医保卡省内“一卡通行”全覆盖和跨省刷卡结算，全面开展普通门诊费用省内及跨省联网直接结算，门诊慢特病实现省内联网直接结算。

加强困难群体救助保障。自2020年起，连续3年大幅提高城乡低保对象、特困人员等9类困难群众救助标准。健全农村留守儿童、妇女关爱服务体系，2017年以来救助流浪乞讨人员12.4万人次。建设低收入人口动态监测信息平台，建成全省低收入人口数据库，实现早发现、早帮扶。唇腭裂患者、脑瘫等残疾儿童和孤独症儿童、严

重精神障碍患者全部纳入医疗保障，肺结核、慢性病毒性肝炎等费用较高的病种纳入门诊慢特病保障范围。

养老服务体系加快建立。60 周岁及以上老年人不分地域一律享受免费乘坐城市公共交通工具等 6 项优待政策。失能特困人员集中供养率达到 60%，年均发放经济困难老年人补贴 7 亿元，为失智老年人发放定位手环 3.4 万个。截至 2022 年 6 月底，建成养老机构 2466 家，建设城市社区老年人日间照料中心 3693 处、农村幸福院 11972 处，建成机构养老床位 40.6 万张，其中护理型床位 25.1 万张。

聚焦“一老一小”、困难群体，健全完善社会保障体系，提升扩大普惠性公共服务供给，人民生活更有温度、更有质量。图为山东省青岛市光大汇晨老年公寓的老人与工作人员合唱歌曲。图片来源：大众网

（四）医疗卫生服务整体提升

强力推进健康强省建设，卫生健康事业实现快速高质量发展。主要健康指标显著改善，人均预期寿命由 2017 年的 78.66 岁上升至

2020年的79.13岁，总体上优于中高收入国家平均水平。

医药卫生体制改革不断深化。医疗服务共同体实现县（市）全覆盖，基层诊疗量保持在60%左右。公立医院全部取消药品和耗材加成，促进破除“以药养医”机制，建立了医疗服务价格动态调整机制。实施区域医疗服务能力攀登计划，建设40个国家临床重点专科。实施“双命名双提升双满意”三年行动计划，推出改善医疗服务60条、缓解群众“看病难”10条措施。

医疗卫生服务能力不断提升。全省二级及以上医院增加到911家，每千人口医疗卫生机构床位数达到6.42张，每千人口执业（助理）医师、注册护士达到3.25人和3.53人，基层医疗卫生机构数增加到8.21万家，76家县医院综合服务能力达到国家推荐标准，96%以上的二级以上政府办综合医院、妇幼保健院、传染病医院设置中医药科室。每万人口全科医师达到2.45人。

国家试点示范全面落地。在全国首创医养结合示范省，成功创建国家中医药综合改革示范区，国家健康医疗大数据（北方）中心落户山东，食品安全与营养健康综合试验区落地威海，互联网+医疗健康示范省建设纳入全国区域服务十大案例。国家卫生健康委与山东共建国家区域医疗中心、共推中医药高质量发展、“三减控三高”慢性病防治等合作协议有效实施。

群众就医购药负担进一步减轻。开展国家和省级集中带量采购，305种药品平均降价超过54%、最大降幅98.6%，16类高值医用耗材平均降价超过70%、最大降幅95.6%，累计节约费用220亿元，提升了群众用药可及性。推进医保支付方式改革，率先实现按疾病诊断相关分组付费和按病种分值付费两种支付方式改革全覆盖。

（五）城乡居住条件不断改善

民以居为安。近年来，山东以满足人民宜业宜居需要为出发点和落脚点，大力推进保障性安居工程建设，不断改善农村居住条件，加快补齐基础设施短板，完善城乡人文功能。

城镇住房条件持续优化。2017 年以来，开工改造棚户区 217 万套，总量居全国首位，600 万群众“出棚进楼”“出村进居”。全面开展老旧小区改造，创新提出“4+N”改造模式，开工改造项目 8153 个，惠及居民 248 万户。发放住房租赁补贴 23.4 万户（次），政府投资公租房分配入住 19.2 万套、分配率 96%，群众住房困难得到有效纾解。

农村生活条件明显提升。深入推进农村改房改暖改厕，完成危房改造 18.9 万户、清洁取暖改造 718 万户、改厕 700 万户。完成农村生活污水治理的行政村占比达到 30% 以上，生活垃圾无害化处理率稳定在 95% 以上，城乡环卫一体化实现全覆盖。改造提升农村公路 5.3 万公里，行政村通沥青（水泥）路率达到 100%，基本实现村内道路硬化“户户通”。

城市建设品质显著提高。2017 年以来，新增城市生活污水处理厂 113 座、生活垃圾焚烧处理设施 60 余座、城市集中供暖面积 3.4 亿平方米，新建改造修复城市污水、雨水、合流制管网 1.68 万公里，建成综合管廊 800 余公里、海绵城市 1900 余平方公里。新增国家园林城市（县城）12 个，新创建全国节水型城市 9 个。

文化体育服务更加丰富。提升公共文化服务水平，全省共有公共图书馆 154 个、文化馆 155 个，乡镇（街道）和行政村（社区）综合性文化服务中心基本实现全覆盖，文化惠民季、“送戏下乡”

等活动丰富多彩。实施全民健身实施计划，公共体育设施基本实现全部开放，农民体育健身工程覆盖率达到 95% 以上，城市社区“15 分钟健身圈”基本形成。

三 深入实施民生改善创新“六大提升行动”

加强民生改善创新是一项长期性系统性工作，只有找准突破口，才能“牵一发而动全身”“一子落而满盘活”。要坚持问题导向、需求导向、目标导向、效果导向，突出抓好基础性、普惠性、兜底性民生保障，着重深入实施重点群体保障、居民就业增收、教育均衡发展、群众就医服务、城镇生活条件、农村人居环境等“六项提升行动”，扎实办好重点民生实事，让人民群众有更多、更直接、更实在的获得感、幸福感、安全感。

（一）实施重点群体保障提升行动

完善社会保障体系。深化社保制度改革，落实企业基本养老保险全国统筹，发展多层次、多支柱养老保险体系。完善企业（职业）年金政策，促进个人养老金制度落地实施。推动社保扩面提标，开展“政策找人”专项行动。适时适度提高养老保险、工伤保险待遇水平。强化社保基金风险防控，开展社保基金管理提升专项行动，加强社会保险基金运行管理，确保社保待遇按时足额发放。建立健全稳定可持续的社会保险筹资机制。实施居民基本养老保险基金投资运营，促进基金保值增值。

健全防止返贫致贫帮扶机制。加强行业数据信息共享共用，实现动态监测、实时预警。对脱贫享受政策户、边缘易致贫户，以及因病因灾因意外事故等刚性支出较大或收入大幅缩减导致基本生活出现严重困难户，持续跟踪收入支出状况、“两不愁三保障”和饮水安全情况，及时发现可能返贫致贫人口，及时纳入帮扶范围。

健全社会救助体系。健全低收入人口动态监测机制，完善常态化救助帮扶机制。逐步缩小城乡差距，“十四五”末全省城乡低保标准之比争取缩小到 1.3∶1 以内、东部地区实现城乡统一。发展服务类救助，探索构建“物质 + 服务”救助模式。落实孤困儿童基本生活保障制度，提升儿童福利保障水平。健全残疾人福利补贴制度，发展残疾人福利事业，构建多元化康复服务体系、多层次康复保障制度。健全完善流浪乞讨人员救助管理工作机制，探索建立流浪走失人员信息库。

落实退役军人优待保障。实行多元化退役安置方式，推动转业军官分类安置，重点安置对象、特殊专业人才“直通车”安置。组织职业技能培训，提升退役军人就业创业能力。建立健全公共服务

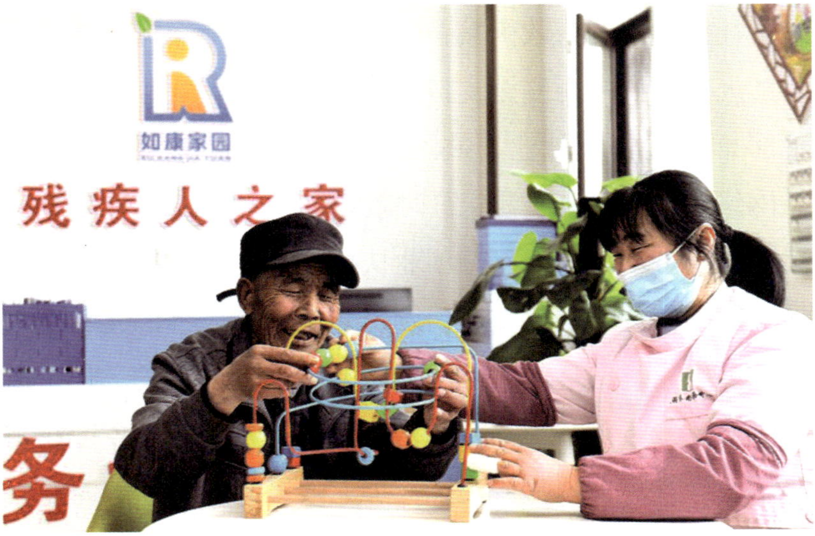

日照市岚山区黄墩镇“如康家园”残疾人之家。　　图片来源：新华社

充分共享、抚恤优待水平提升、困难帮扶精准有力、社会力量广泛参与的优抚保障体系。严格落实抚恤定补政策，及时足额兑现有关待遇。合理确定优待水平，及时调整抚恤、生活补助和优待标准。实施清单式管理服务，动态调整基本优待目录清单。

积极应对人口老龄化。完善基本养老服务，发展普惠养老服务，推进互助养老服务，支持家庭承担养老功能，培育养老服务新业态，促进养老事业与养老产业协同发展。增加养老服务供给，建立健全县、街道（乡镇）、社区（村）、家庭四级养老服务网络，养老机构护理型床位占比达到60%以上。落实老年人优待政策。实施普惠养老专项行动，推动建设一批方便可及、价格可接受、质量有保障的养老服务机构。

（二）实施居民就业增收提升行动

强化就业优先政策。将更充分更高质量就业作为经济社会发展的优先目标，将保就业作为经济运行合理区间的下限。加强就业政策与经济社会政策的有效衔接，促进就业增长与经济社会发展互动融合。加大政策扶持力度，支持企业稳定就业岗位。促进劳动者通过灵活多样形式实现就业，鼓励兼职就业、副业创新，支持微商电商、网络直播等自主就业、分时就业。

促进创业带动就业。完善创业扶持政策，扩大创业担保贷款规模，加大对初创企业融资支持力度，降低创业成本，鼓励小微企业发展。推进创业孵化基地规范化建设，提供项目开发、开业指导、融资等一条龙服务。实施齐鲁乡创计划，加强返乡入乡创业园、创业孵化基地等各类乡创平台建设，加大政策、服务倾斜力度，支持各类群体返乡入乡创业。

山东省人力资源和社会保障厅等 11 部门启动实施山东省 10 万就业见习岗位募集计划。2022 年以来，全省已为高校毕业生及青年群体提供见习岗位 10.28 万个，同比增长 112.84%，创历史新高。图为山东科技大学秋冬校园双选会现场。　图片来源：新华社

做好重点群体就业。深入实施高校毕业生就业创业促进计划，鼓励支持多渠道就业创业。提档升级高校毕业生来鲁就业创业政策体系，促进高校毕业生留鲁来鲁就业。继续健全统筹城乡就业政策体系，积极引导农村劳动力有序外出就业、就近就地就业。加强失业人员就业服务和困难人员就业援助，实施城乡公益性岗位扩容提质行动，稳定城乡就业规模。

加强职业技能培训。推行覆盖城乡全体劳动者、贯穿劳动者学习工作终身、适应就业创业和人才成长需要以及经济社会发展需求的终身职业技能培训制度，大规模开展多种形式的就业技能培训、岗位技能提升培训和创业培训，推行现代学徒制和企业新型学徒型、校企合作、“互联网 + 职业培训”等培训模式，全方位提升人力资本质量和劳动者创业能力。

（三）实施教育均衡发展提升行动

推动基础教育优质均衡发展。实施学前教育行动计划。提高幼儿保教质量，普惠性幼儿园覆盖率超过85%，学前教育毛入园率达到95%以上。大力实施教育强镇筑基和强校扩优行动，建立城乡一体的教育资源配置长效机制，加快缩小区域差距、城乡差距、校际差距，全面规范民办义务教育发展，建成全国乡村教育振兴先行区。推动县域普通高中条件和质量建设，布局建设一批特色高中。坚持康教融合，提高残疾儿童教育关爱质量，特殊教育达到全国领先水平。进一步减轻义务教育阶段学生作业负担和校外培训负担。

延伸阅读

山东省打好“组合拳” 确保“双减”工作落地见效

山东省深入学习贯彻党中央、国务院关于“双减”工作的决策部署，紧盯“双减”目标任务，坚持积极稳妥，疏堵结合、标本兼治，依法规范、防范风险的原则，通过采取强化组织领导、完善制度保障，减轻作业负担、优化课后服务，压减机构数量、规范培训行为，严格监督管理、做好服务引导等四项举措，有

图为山东省淄博市洪山镇松龄小学体育课。

力有序有效推动“双减”各项工作落细落地落实。全面建立作业校内公示制度，作业时间达标率达 100%。截至 2022 年 6 月，全省线下学科类机构压减 96.57%，线上学科类机构实现清零。现有学科类培训机构全部完成“营转非”，并实现预收费监管。全省 16 个市全部公布学科类校外培训机构“白名单”，并发布政府指导价。

资料来源：教育部网，2022 年 7 月 20 日

促进高等教育内涵发展。实施高水平大学和高水平学科建设计划，健全分类协调发展的高等教育体系。重点支持 15 所左右省属高校，进入国家一流学科建设高校行列或国内同类型高校前列；重点建设 10 个左右基础力量雄厚、引领未来发展方向的优势学科，打造学科高峰；支持 40 个左右突出前沿引领的优势特色学科，构筑学科高原。建成康复大学，筹建空天信息等高水平创新型大学。

加快发展职业教育。打造 15 所国家“双高计划”高职院校、100 所高水平中职学校，加快省部共建国家职业教育创新发展高地。夯实中职教育在现代职教体系中的基础地位，实施办学条件提升行动计划，确保中等职业学校办学条件全部达标，加快建设职业技术大学。稳步推进普通高中和中等职业学校课程互选、学分互认、资源互通、学籍互转。

高水平建设教师队伍。指导“县管校聘”改革。完善中小学教职工编制统筹配置调整机制，提升统筹层级，完善周转编制专户政策，逐步解决教师结构性、阶段性、区域性短缺问题。落实基层中

小学教师高级职称制度。优化师范生培养制度，积极推进师范专业认证，加强师范生实习管理。

（四）实施群众就医服务提升行动

提升医疗服务能力。创建国家区域医疗中心，完善省级区域医疗中心布局，加强临床重点专科建设，“十四五”期间新增国家临床重点专科建设项目 60 个左右。推进优质医疗资源下沉，国家临床重点专科全部牵头开展专科联盟建设，巩固提升县级综合医院服务能力。推进中医药传承创新发展，实施服务能力提升、科技创新等中医药“六大工程”。加强基层医疗卫生机构服务能力建设。

延伸阅读

山东：打造 15 分钟中医药健康服务圈

人民群众对中医药的获得感和满意度是中医药传承创新的关键点和出发点。“十四五”期间，山东将不断推动基层中医药服务能力提档升级。主要围绕以下重点开展：

一是筑网底，打造 15 分钟中医药健康服务圈。争创基层中医药工作示范市（县），推进县级中医院达标建设，并在全省二级以上公立中医医院实施中医经典、中医治未病、中医外治、中医康复和中医护理“五个全科化”，筑牢基层中医药服务网络，确保群众 15 分钟内均可找到能提供中医药服务的医疗机构。

二是提能力，加大基层中医药服务供给。推进社区卫生服务机构、乡镇卫生院 100% 能提供中医药服务，85% 的村卫生室能提供中医药服务，开展以中医药适宜技术为主要内容的乡村医生的轮训。

三是强特色，优化基层中医药服务模式。以齐鲁中医药优势专科集群建设带动基层中医药服务能力全面提升。推广潍坊市“全民艾健康”服务模式和威海市“名医下基层”经验做法，建立“镇村联动、市县联动、内外联动、上下联动、三医联动”五个联动长效帮扶机制，加快实现“一般病在市县解决，日常疾病在基层解决”的目标。

资料来源：人民网，2021 年 10 月 26 日

优化医疗服务模式。加快推进“互联网 + 医疗服务”发展，加强以电子病历为核心的智慧医院建设，改进服务流程，全面实施分时段预约诊疗，大力推进诊间结算、床旁结算，全面推开“互联网 + 护理服务”试点，精准对接群众居家护理需求。落实老年人就医便利措施，加强老年医疗服务能力建设。

提升重点人群健康水平。优化生育配套政策，促进人口长期均衡发展。发展普惠性婴幼儿照护服务体系，推进婴幼儿照护服务专业化、规范化。实施健康儿童行动提升计划，加强未成年人健康保障，促进儿童营养和口腔健康。提升妇幼健康服务水平，实施母婴安全行动提升计划。做好农村适龄妇女“两癌”免费检查。加强职业健康保护，遏制尘肺病等重点职业病。

规范统一医保制度政策。落实医保待遇清单制度，有效解决地区间医疗保障发展不平衡不充分的问题。稳步提高居民基本医保筹资水平，保持财政补助、个人缴费比稳定在 2∶1 以内。全面建立职工、居民普通门诊统筹制度，进一步提高普通门诊和门诊慢特病

保障水平。巩固提高统筹层次，全面做实市级统筹，积极推进基本医保省级统筹。

深化医保支付方式改革。加快建立管用高效的医保支付机制。推进区域总额预算管理，推行以按病种付费为主的多元复合式医保支付方式，普通住院按疾病诊断相关分组（DRG）付费和按病种分值付费（DIP），长期住院按床日付费，门诊慢性病按人头付费。扩大门诊慢特病跨省联网结算范围。

推进医药服务供给侧改革。落实落细国家集采、省级集采、省际联采中选结果，“提速扩面”推进集中带量采购，积极开展中药饮片省际联盟采购，2025 年实现常用药品集中带量采购全覆盖。推进集中带量采购药品医保基金与医药企业直接结算，扩大直接结算药品范围，降低医药流通成本探索建立药品和医用耗材价格信息体系，开展价格变动分析预警，强化监测数据信息应用开展深化医疗服务价格改革试点，加强医疗服务价格分类管理，建立医疗服务价格动态调整机制。

（五）实施城镇生活条件提升行动

完善住房保障体系。加快发展保障性租赁住房，多措并举筹集房源，积极引导市场力量参与，实现多主体投资、多渠道供给。扎实开展棚户区改造和城镇老旧小区改造，“十四五”期间全省预计改造棚户区 35 万套、老旧小区 1.3 万个，基本完成 2005 年前建成需改造老旧小区改造任务。健全公积金缴存、使用、管理和运行机制，稳步扩大覆盖面和受益群体。

加大城市更新力度。聚焦新城建及道路桥梁、市政管网、停车场等领域，补短板、强弱项。稳步推进海绵城市和综合管廊建设，

2020 年山东已实现“县县通高速”。图为拓宽之后的青银高速，连接山东济青两大核心城市。
图片来源：大众网

加快城市排水防涝设施建设和易涝点整治。加大道路建设改造力度，构建快速路、主次干路和支路级配合理的道路网络。开展增绿攻坚，提升城市建成区绿地率和人均公园绿地面积。开展历史文化街区建筑活化利用，防止大拆大建。施行生活垃圾强制分类，建设分类投放、收集、运输、处理体系。

推进“两个清零、一个提标”。强化用水全过程管理，加快补齐城市建成区排水设施短板，到 2025 年，城市和县城建成区整县（市、区）制雨污合流管网全部清零。城市和县城建成区黑臭水体全部清零。60% 的城市污水处理厂完成提标改造，城市再生水利用量每年增加 1 亿吨，再生水利用率达到 55%。

建设智慧民生基础设施。推进教育云网融合建设，深入推进“三个课堂”常态化应用和城乡教育共同体建设。加快国家健康医疗大数据中心（北方）建设，推进北方中心主中心投产运行。推动“互联网 + 医疗健康”示范省建设，完善全省远程医疗服务体系，二级和三级公立医院电子病历应用水平平均级别分别达到3级和4级，规范化居民电子健康档案动态使用率达到80%。升级改造省养老管理平台，构建养老服务信息网络。

（六）实施农村人居环境提升行动

提升农村路网规模质量。开展农村公路“五年提质增效专项行动”，合理配置资源，优化路网结构，逐步消除“断头路”“瓶颈路”。推行行政村双车道公路建设、过窄农村公路拓宽改造，高标准实现“村村通”。推进农村通户道路硬化工程，基本解决村内道路泥泞、村民出行不便等问题。建设农村通行安全管养体系，农村公路每年养护里程达到总量的7%以上。

强化农村生活供水保障。坚持城乡同源、同网、同质、同服务、同监管工作目标，按照“城乡一体、县级统管”思路，加速推进工程建设，持续优化运管机制。推进集中规模化供水工程建设，实施现有项目规范化和村内管网改造，逐步提高农村供水保证率、水质达标率、自来水入户率和工程运行管理水平。创新工程管护机制，提升信息化管理水平。

推进农村清洁取暖。推动燃气下乡、加快天然气基础设施向农村延伸，提高乡镇燃气管网保障水平。加强与三大油气公司沟通对接，协调做好气源保障，确保新增气量优先用于“煤改气”用户需求。加大“煤改电”配套电网投入，提升配网运维管控水平。推动胶东半岛具备条件的地区实现核能供暖全覆盖。研究清洁取暖设备长期管护保障政策。2025年基本完成农村取暖燃煤设施清洁能源替代，全省清洁取暖率达到80%以上。

巩固扩大农村“厕所革命”成果。稳步提升改厕质量，因地制宜推进农村厕所革命与生活污水治理有效衔接，完善改厕后续管护机制，进一步优化改厕服务站点设置，配齐人员和设施设备，提高厕具维护、粪污清运等服务覆盖范围，稳步提升厕所粪污有效处理或资源化利用水平。

推进农村生活污水和黑臭水体治理。优先推广运行费用低、管护简便的治理技术，因地制宜推进农村生活污水治理。推进城镇污水处理设施和服务向周边农村延伸。鼓励以县为单元，推进农村生活污水治理统一规划、统一建设、统一运行和统一管理。健全农村生活污水处理设施长效管护机制，统筹实施农村黑臭水体治理及水系综合整治。

推动快递进村全覆盖。全面巩固、提升、完善快递进村服务网络，打通绿色农产品入超“最先 1 公里”和优质工业品下乡最后“1 公里”。利用农村客运、邮政基础网络加快进村，促进服务功能叠加复用，畅通农村市场流通。加快农村快递网点布局，鼓励发展“多站合一”的乡镇客货邮综合服务站、“一站多能”的村级寄递物流综合服务点，推进县乡村物流共同配送。

第八章 加强风险防控创新

习近平总书记多次强调，防范化解重大风险是各级党委、政府和领导干部的政治责任。当前，世纪疫情冲击持续，百年变局加速演进，我国面临前所未有的外部压力，传统安全威胁和非传统安全威胁相互交织，国家安全形势严峻复杂。山东地处改革开放前沿、“一带一路”交汇区，是人口大省、经济大省、海洋大省，必须完整准确全面贯彻总体国家安全观，牢固树立底线思维，以改革创新为动力，更好统筹发展这个“第一要务”和安全这个“头等大事”，以高水平安全保障高质量发展，筑牢新时代社会主义现代化强省建设的安全屏障。

一　推进新时代社会主义现代化强省建设的必然要求

山东发展已进入全面求强、大踏步向现代化迈进的新阶段。未来五年，是新时代社会主义现代化强省建设的关键时期，改革发展稳定任务更加繁重，矛盾风险挑战更加凸显，必须准备付出更为艰巨、更为艰苦的努力，勇于开顶风船，善于转危为机，为高质量发展提供更加安全的保障。

（一）增强忧患意识、防范风险挑战要一以贯之

党的十八大以来，面对波谲云诡的国际形势、复杂敏感的周边

环境、艰巨繁重的改革发展稳定任务，习近平总书记围绕防范风险挑战发表了一系列重要论述，立意高远，内涵丰富，思想深刻，对于我们切实做好防范化解风险挑战各项工作，战胜前进道路上各种艰难险阻，实现第二个百年奋斗目标、实现中华民族伟大复兴的中国梦，具有十分重要的意义。

2018 年 1 月 5 日，在新进中央委员会的委员、候补委员和省部级主要领导干部研讨班上，习近平总书记从 8 个方面列举了 16 个需要高度重视的风险。2019 年 1 月 21 日，习近平总书记在省部级主要领导干部坚持底线思维着力防范化解重大风险专题研讨班开班式上，分析了政治、意识形态、经济、对美经贸斗争、科技、社会、对外工作、党的建设等 8 个领域的重大风险并提出了明确要求，强调必须始终保持高度警惕，既要高度警惕“黑天鹅”事件，也要防范“灰犀牛”事件。2020 年 1 月 8 日，习近平总书记在“不忘初心、牢记使命”主题教育总结大会上指出，越是接近民族复兴越不会一帆风顺，越充满风险挑战乃至惊涛骇浪。2021 年 2 月 20 日，习近平总书记在党史学习教育动员大会上强调，我们要抓住建党一百年这个重要节点，从具有许多新的历史特点的伟大斗争出发，总结运用党在不同历史时期成功应对风险挑战的丰富经验，做好较长时间应对外部环境变化的思想准备和工作准备。2021 年 12 月，习近平总书记在中央政治局党史学习教育专题民主生活会上指出，新的时代条件下，我们要总结运用好党积累的伟大斗争经验，坚持底线思维，增强忧患意识，发扬斗争精神，掌握斗争策略，练就斗争本领，保持越是艰险越向前的大无畏气概，有效应对前进道路上各种可以预料和难以预料的风险挑战，推动中国特色社会主义事业航船劈波斩浪、一往无前。

加强风险防控，是学习贯彻习近平总书记重要指示要求和党中央决策部署的具体行动。全省党员干部，要以习近平新时代中国特色社会主义思想为指导，认真学习贯彻习近平总书记关于防范化解重大风险的重要论述，坚持稳中求进工作总基调，坚持总体国家安全观，发扬斗争精神，扛牢政治责任，以打好防范化解重大风险战略主动战的实际行动，坚定拥护“两个确立”、坚决做到“两个维护”。

（二）新时代国家安全形势对防范化解重大风险提出新要求

党的十八大特别是中央国家安全委员会成立以来，以习近平同志为核心的党中央加强对国家安全工作的集中统一领导，坚持统筹发展和安全，坚持走中国特色国家安全道路，构建起国家安全体系的主体框架，将安全发展贯穿国家发展各领域全过程，推动国家安全工作实现了历史性变革。

在党中央和中央国安委坚强领导下，山东坚持以习近平新时代中国特色社会主义思想为指导，全面贯彻落实总体国家安全观，全面落实党中央关于国家安全的决策部署，把维护国家安全作为头等大事，统筹发展和安全，扎实推进风险防控创新各项举措，谋划实施了一系列开拓性举措，有力维护了全省政治大局稳定、经济健康发展、社会安定有序。

当前，山东国家安全形势总体平稳，但也面临诸多风险挑战，特别是政治安全领域风险严峻复杂，产业链供应链抵御风险能力偏弱，金融风险处置压力仍然较大，生产安全事故风险隐患量大面广，产业结构、能源结构调整和碳达峰、碳中和任务艰巨，社会安全风险隐患增多，民生领域短板亟待补齐，新冠肺炎疫情“外防输入、内防反弹”压力不减，非传统安全领域风险识别、预警防控体系仍不完善。对这些风险隐患和短板不足，必须引起高度警惕，科学加以应对解决，着力提升风险防控工作科学化、精细化水平，加快实现从注重风险处置向注重风险预防转变，从减少风险损失向减少风险隐患转变，从应对单一风险向注重应对综合风险转变，牢牢掌控防范化解风险工作的主动权，坚决战胜前进道路上的任何困难和挑战。

（三）总体国家安全观是加强风险防控创新的根本遵循

党的十八大以来，在建设中国特色社会主义的伟大实践中，习近平总书记立足国内外安全形势的重大变化，总结提炼中国国家安全建设的经验教训，创造性地提出总体国家安全观，科学揭示国家安全的本质，实现了党在国家安全理论上的创新发展，丰富并完善了中国特色社会主义理论体系，为防范化解重大风险、做好新时代国家安全工作提供了根本遵循和行动指南。

要以总体国家安全观引领风险防控观念变革。提高政治能力，增强政治判断力、政治领悟力、政治执行力，善于从政治上分析问题、解决问题，透过复杂现象把握本质，切实增强工作主动性。强化底线思维，树立正确的政绩观，提高警觉度，把风险防控工作做在前面、做在平时、做在基础。强化系统观念，善于整合各方力量、科学排兵布阵，打好“组合拳”，更好统筹发展和安全、统筹开放和安全、统筹传统安全和非传统安全、统筹自身安全和共同安全、统筹维护国家安全和塑造国家安全。强化法治观念，坚持依法办事，善于运用法治思维、法治方式和法律武器维护国家安全。

要以总体国家安全观引领风险防控策略创新。预判风险是防范风险的前提，把握风险走向是谋求战略主动的关键。坚持立足于“有”，立足于“早”，立足于“快”，立足于“实”，以改革创新为动力，构建系统完备、科学规范、运行有效的风险防控体系，坚决维护以党的执政安全和我国社会主义制度安全为核心的国家政治安全，有效防止其他领域风险向政治领域传导叠加，确保政治安全和社会大局稳定。

要以总体国家安全观引领风险防控能力提升。建立健全风险研判机制，对风险因素和苗头进行全面排查、深入研判，有针对性地制定应对策略。建立健全决策风险评估机制，重大决策慎之又慎，把风险评估作为必经程序。建立健全风险防控协同机制，建立风险信息及时互通共享机制，主动加强协调配合，形成合力。建立健全宣传教育机制，提升全民国家安全意识，筑牢国家安全人民防线，着力提升党员干部法律政策运用能力、群众工作能力、科技应用能力、舆论引导能力，增强斗争本领，切实提升风险防控能力和水平。建立健全责任落实机制，坚持一级抓一级、层层抓落实，坚决防止和克服层层推责。

延伸阅读

总体国家安全观的科学理论体系

总体国家安全观的关键是“总体”。强调大安全理念，涵盖政治、军事、国土、经济、金融、文化、社会、科技、网络、粮食、生态、资源、核、海外利益、太空、深海、极地、生物、人工智能、数据等诸多领域，而且将随着社会发展不断动态调整。

强调做好国家安全工作的系统思维和方法，加强科学统筹，做到统筹发展和安全、统筹开放和安全、统筹传统安全和非传统安全、统筹自身安全和共同安全、统筹维护国家安全和塑造国家安全，着力解决国家安全工作不平衡不充分的问题。强调国家安全要贯穿到党和国家工作全局各方面、各环节，绝非某一领域、单一部门的职责，必须把安全和发展置于同等重要地位，同步决策部署，同样积极落实。强调打总体战，形成汇聚党政军民学各战线各方面各层级的强大合力，全社会全政府全体系全手段应对重大国家安全风险挑战。

总体国家安全观的核心要义，集中体现为“十个坚持”：坚持党对国家安全工作的绝对领导，坚持中国特色国家安全道路，坚持以人民安全为宗旨，坚持统筹发展和安全，坚持把政治安全放在首要位置，坚持统筹推进各领域安全，坚持把防范化解重大风险摆在更加突出的位置，坚持推进国际共同安全，坚持国家安全体系和能力现代化，坚持加强国家安全干部队伍建设。

“一个总体”“十个坚持”的有机融合、有机统一，凝结着我们党坚持和发展中国特色国家安全的宝贵经验，反映了以习近平同志为核心的党中央对国家安全工作规律性认识的深化、拓展、升华，体现了理论与实践结合、认识论和方法论相统一的鲜明特色。

资料来源：《总体国家安全观学习纲要》，学习出版社、人民出版社，2022 年 4 月

二 以守牢“一排底线”保障安全发展

“走在前、开新局”，必须牢牢守住安全发展底线。政治安全是维护国家主权、安全、发展利益的生命线，必须坚持国内政治优先，把巩固政治社会大局稳定作为抵御重大风险挑战的根本依托，维护安定团结的政治局面。推进风险防控创新，必须全面贯彻落实党的十九大和十九届历次全会精神和习近平总书记对山东工作的重要指示要求，深入学习贯彻省第十二次党代会精神，切实统筹发展和安全，坚决守牢粮食、能源、金融、产业链供应链、安全生产、生态环境、食品药品、社会稳定、疫情防控等“一排底线”，促进更高水平安全发展。

（一）全力保障粮食安全

粮食安全为“国之大者”，保障粮食安全是实现经济发展、保障社会稳定、维护国家安全的基础。山东作为全国13个粮食主产省之一，粮食播种面积和产量常年居全国第3位。多年来，全省上下认真贯彻落实习近平总书记关于粮食安全的重要论述和重要指示批示精神，把粮食生产牢牢抓在手上，粮食总产连续8年稳定在千亿斤以上，为确保全国粮食安全作出了山东贡献。

受气候变化、国际局势及疫情等多方面影响，一些风险因素较为突出。一是保持粮食稳定发展压力大。近年来极端天气频发，给农业生产带来很多不利因素。部分农业生产资料成本上涨快，农民种粮成本持续上升，导致农民从事粮食生产意愿不强。二是粮食流通能力有待加强。粮食仓储设施平房仓占比较高，单仓仓容较小，设施配套较差，特别是粮食出入库环节难以实现全机械化，粮食收储和信息化管理有待提升。三是粮食供求压力增加。山东原粮消费需求持续增加，消费结构进一步升级。受俄乌冲突及疫情影响，国际粮食产销不确定因素增多，保障粮食市场稳定运行的难度进一步增大。四是应急保障工作基础还比较薄弱。部分市县粮食行政管理力量不足、应急演练不够，各类应急主体大多依托市场经营主体，政策、资金支持存在短板，应急保障能力偏弱。

延伸阅读

保障国家粮食安全，端牢中国饭碗

食为政首，粮安天下。粮食安全始终是习近平总书记高度重视、时刻关心的问题。10 月 21 日上午，习近平总书记来到黄河三角洲农业高新技术产业示范区考察调研，走进盐碱地现代农业试验示范基地，察看大豆、苜蓿、藜麦、绿肥作物长势，了解盐碱地生态保护和综合利用、耐盐碱植物育种和推广情况。他强调，开展盐碱地综合利用对保障国家粮食安全、端牢中国饭碗具有重要战略意义。

资料来源：《大众日报》2021 年 10 月 28 日

山东坚定扛牢农业大省责任，以有效创新举措有力应对风险挑战。一是坚持“藏粮于地”，稳步夯实粮食生产基础。加大高标准农田建设力度，不断改善农业生产条件。二是坚持“藏粮于技”，不断提高粮食生产科技水平。依托粮食绿色高质高效创建平台，加大先进适用品种和关键技术推广力度，进一步提升良种和农业科技进步对粮食增产的贡献率，努力挖掘粮食单产潜力。三是严格落实政策，充分调动“两个积极性”。聚焦小麦、玉米、水稻三大主粮，提高农业保险参保率，提高粮食作物保险保障水平。落实产粮大县奖励政策，对完成粮食播种面积的市予以奖励，充分调动基层政府重农抓粮积极性。四是立足抗灾救灾，努力减轻生产损失。加强农业灾害应急能力建设，细化完善抗灾救灾预案，不断增强病虫草害监测预警和统防统治能力、抗旱防汛和极端天气应对能力，坚决打赢严重自然灾害、小麦条锈病等防控应对攻坚战。

延伸阅读

俄乌冲突令全球粮食安全风险攀升

自2月以来，受俄乌冲突影响，乌克兰大量粮食无法出口，并由此推高了全球价格，给依赖进口小麦的较贫困国家带来压力，特别是中东和非洲国家。俄罗斯和乌克兰都是农产品出口大国，两国合计小麦出口量占全球的30%，玉米占20%，葵花籽油占76%。俄乌冲突升级引发对全球市场粮食供应不足的忧虑。

资料来源：《经济参考报》2022年6月10日

（二）全力保障能源安全

能源是人类赖以生存的基石，是国民经济的命脉。作为最重要的民生资料和战略资源，能源对山东这个人口大省、经济大省的重要性不言而喻。能源稳则天下稳、能源安则天下安。山东应全方位加强能源安全防控创新，确保供给保障充足稳定。

一是做好煤炭增产增供。督促煤矿企业优化采掘接续，统筹做好生产与检修，无特殊情况不停产，确保煤炭稳产稳供。积极释放先进产能，紧盯国家政策导向，积极争取重点煤矿核增产能，推动具备安全生产条件的煤矿尽快复工复产，确保煤矿安全形势稳定。

二是做好电力供应保障。聚焦可再生能源、核能，增大清洁能源开发利用规模。大力提升海上风电、光伏发电规模，重点打造千万千瓦级海上风电基地、鲁北盐碱滩涂地千万千瓦级“风光储一体化”基地。安全稳妥推进沿海核电建设，打造胶东半岛千万千瓦级核电基地。加快推动支撑性电源建设，定期调度在建煤电项目建设进度，着力推进大型清洁煤电机组建设。

三是全力提升省外来电规模。强化与送端省份沟通对接，力争用电高峰时期省外来电送入负荷达到2000万千瓦、全年接纳省外来电1200亿千瓦时左右。加快“外电入鲁”新通道和配套电源建设，重点推进鲁固、昭沂既有通道配套电源建设，不断增大新投产规模，推动“陇电入鲁”新通道获得国家核准。

2022年7月14日，海阳核电二期工程暨900兆瓦远距离跨区域核能供热工程启动仪式在烟台海阳举行，标志着海阳核电两项重大工程正式开工，这是完整准确全面贯彻落实能源安全新战略，充分发挥“大国重器”“顶梁柱”作用，强化核能保供增供的重大举措，也是山东核能发展史上又一重大里程碑。图为山东省海阳核电项目厂址全景。

图片来源：《齐鲁晚报》

四是加大油气供应协调力度。积极争取三大油气公司支持，确保民生和产业用气需求。加快非常规油气资源开发，支持胜利油田加大勘探开发力度，建设全国页岩油先导试验区，推进齐鲁石化—胜利油田百万吨 CCUS 示范项目，稳定全省油气产量。加速基础设施建设，推进青岛董家口、烟台西港区、中石化龙口等沿海 LNG 接收站建设，打造沿海千万吨级 LNG 接卸基地；推进中俄东线山东段、山东天然气环网等建设，打造一网双环、互联互通天然气管网发展格局。

（三）全力保障金融安全

金融是现代经济的血脉，是国家重要的核心竞争力。金融风险一旦爆发，就会对经济发展带来巨大威胁。近年来，中美战略博弈加剧、新冠肺炎疫情国际蔓延、全球主要央行量化宽松等事件，形成风险外溢效应，对我国金融安全构成明显挑战。维护金融安全，必须从“两个大局”的高度，深入学习贯彻习近平总书记关于金融安全的一系列重要讲话精神，结合山东实际，更好发挥“金安工程”作用，创新风险防控举措，有力压降全省金融风险隐患。

一是打造金融风险监测天网。进一步发挥“金安工程”探头作用，综合运用互联网、政府职能部门、网格化管理、金融机构等信息渠道，整合线上线下资源，依托大数据、云计算、人工智能、区块链等先进技术，对省内非法集资风险、重点企业流动性风险、地方金融组织风险、金融机构风险、金融舆情风险等五大领域实施监测，健全监测、预警、处置长效机制，完善全省金融风险监测防控体系，全力维护金融安全。

二是建立多级金融风险研判体系。根据不同风险的判定要素，设计个性化的监测维度及指标体系，分别构建分析模型，对金融风险形成高、中、低风险三级预警，识别将要“爆雷”机构。针对已出现风险的企业、因疫情影响出现债务危机的企业、存在退市风险的上市公司、受疫情影响较大的行业等，重点做好监测预警工作，实施精准监测、专人研判。

三是建立金融舆情处置协同联动机制。对监测发现的企业风险信息和涉敏涉稳舆情第一时间进行分析研判，及时通报属地部门、涉事主体及相关主管部门，提前做好风险应对。

（四）全力保障产业链供应链安全

确保产业链供应链安全稳定，是统筹发展和安全的重要方面。近年来，全球产业链供应链呈现“本地化、区域化、分散化”的特征，现有分工体系面临严峻挑战，凸显了保障产业链供应链安全稳定的极端重要性。习近平总书记强调，产业链供应链在关键时刻不能掉链子，这是大国经济必须具备的重要特征。在全球产业链供应链大调整的“窗口期”，需要统筹考虑山东产业基础、特色优势和发展潜力，聚焦提高自主可控能力，建立完善“链长制”工作机制，加快优化提升产业生态，保障产业链供应链安全稳定。

一是加强系统谋划。围绕重点产业领域的重点产业链，谋划完善制造业重点产业链“链长制”工作推进机制，着力完善“链主”企业牵头主导、产业链联盟合作、产学研协同推进和要素保障服务4项机制。

二是提升自主可控能力。强化底线思维，立足应对全面脱钩的极端情况，组织排查重点产业链关键风险点，加大国家级、省级制造业创新中心及优质企业培育力度，加快构建自主可控、安全可靠的生产供应体系。

三是实施断链断供替代行动。定期梳理断链断供风险清单，推动龙头企业建立同准备份、降准备份机制，形成必要的产业备份系统。有计划、有步骤地推动国产化替代，对省内已经取得研发突破、具备生产能力、处在市场推广期的高端装备、新材料、医疗器械等产品，通过政府采购、保险补偿、示范推广等手段，促进国产产品推广应用。

延伸阅读

理清重点产业链的“四梁八柱”

山东聚焦新一代信息技术、高端装备等9大产业领域的43条产业链，特别是2022年优化整合的11条标志性产业链，精准绘制覆盖产业链上下游关键环节的“1张图谱”，深入梳理领航龙头企业、重点配套企业、急需突破短板、协同攻关技术等“N张清单”，共确定“链主”企业112家、核心配套企业709家，基本理清了重点产业链的“四梁八柱”。

资料来源：新华社，2022年6月14日

（五）全力提高安全生产水平

习近平总书记多次强调，发展不能以牺牲人的生命为代价；确保安全生产应该作为发展的一条红线。山东作为工业大省，生产经营单位门类全、数量多，特别是危化品、矿产等高危行业生产经营企业数量居全国前列，安全防范压力很大。近年，省委、省政府把安全生产摆在前所未有的重要位置，坚决“不要带血的

GDP”，创新思路举措、聚力攻坚突破，着力推动重点行业领域主管部门发挥好专业优势，全面排查隐患，安全生产保障能力有了大幅度提升。

2021 年以来，山东确定安全生产“八抓二十项”创新举措，不断完善落实办法、制度和措施。一是抓教育培训。建立开工第一课、企业全员培训、事故现场警示教育、大学习大培训大考试等制度。二是抓制度完善。修订《山东省安全生产条例》，研究制定山东省安全生产行政责任制规定、生产安全事故隐患排查治理办法、企业安全生产“晨会”制度、企业安全生产诊断工作实施意见、企业分级分类监管指导意见等一批新制度措施，构建起较为完善的安全生产制度体系和治理体系。三是抓苗头隐患。实施重大隐患和事故直报，强化异常事件分析评估，开展起底式大排查大整治，抓好总结提炼，建章立制，巩固提升，形成长效机制。四是抓日常监管。建立专项督导、驻点监督、安全生产大诊断、企业安全总监等制度，实施常态化、不间断、闭环式日常检查，提升安全监管效能。五是抓严惩重罚。2021 年，查处安全生产违法行为 48.1 万项，对 25 起较大及以上事故问责 148 名公职人员。六是抓本质安全。加快产业升级和技术改造，强化安全生产信息化监管，持续深化风险隐患双重预防体系建设。七是抓应急处置。强化应急预案、力量和物资保障能力。八是抓社会共治。出台《山东省安全生产举报奖励办法》及配套措施，加大举报奖励力度。

（六）全力保护生态环境安全

生态安全对政治、经济、国土、资源等各领域安全都产生重大影响，是国家安全体系的重要基石。维护生态安全，要坚定不移贯彻落实习近平生态文明思想，统筹好生产、生活、生态三大空间，持续打好污染防治攻坚战，加强生态保护和修复，强化生态风险预警和防控，推进生态环境治理体系和治理能力现代化，促进人与自然和谐共生，努力绘就绿水青山齐鲁画卷。

一是提升生态环境安全预警能力。加强地表水、环境空气质量实时监测，全面掌握质量状况变化情况，及时发现生态环境安全风险隐患。建设全省生态环境大数据平台，提高环境质量预报预警和环境污染溯源能力，为生态环境领域风险防控提供技术支撑。完善化工园区预警体系，变“事后疲于应付”为“事前科学预防”，提升园区环境风险预警水平。

二是加强生态环境应急能力建设。按照分类管理、反应迅速、保障有力原则，加强环境应急物资储备，着力打造“一库专能、多库联动、物网互联”的全省环境应急物资保障体系。加快海洋环境应急处置中心建设，强化海洋生态环境一体化协同处置能力，推进1000吨级海洋生态环境应急监测船建造工作，提升海洋环境监管的整体水平，保障现代海洋产业快速发展。

三是开展隐患排查整治。牢牢抓好预防、预警和应急处置三大环节，完善环境应急预案，加强生态环境风险隐患排查，做好环境污染防治过程中的安全防范和督导检查，确保整改到位，保障生态环境安全。全面落实“找空间、定方案、抓演练”三要素，推进重点河流突发水污染事件“一河一图一策”实施工作，实现水风险、水资源、水生态、水环境“四水统筹”。

四是建立健全辐射环境监测网络。完善陆域辐射环境监测网建设，实现全省全覆盖。发挥全省放射源在线监控系统作用，省市两级实现对纳入在线监控放射源日常巡查全覆盖。持续开展“互

联网 +”检查，通过视频连线形式与各市对未纳入在线监控放射源进行同步检查。开展射线装置专项检查，强化射线装置生产、销售单位监管。探索核技术利用单位分类分级监督措施，实施精细化、差异化监管。推进建设海洋辐射环境监测网，开展近岸海域海洋环境放射性现状调查，重点突破海水放射性监测等技术瓶颈，为国家提供有益借鉴。

山东深入推进黄河流域生态保护和高质量发展，加强黄河三角洲湿地的保护与修复，退耕还湿、退养还滩，取得了“一次修复、自然演替、长期稳定”的良好效果，原先的光板地、盐碱滩，变成了水草丰茂、生物多样性丰富的大美湿地。图为黄河三角洲湿地。

图片来源：大众网

（七）全力保障食品药品安全

食品药品安全关系每个人身体健康和生命安全，是重大的民生问题，容不得半点含糊。确保群众“舌尖上的安全”，应从着力提升监管效能入手，坚决守牢食品药品安全底线。

一是聚焦重点领域，深化长效机制。加强对农批市场、连锁超市、学校食堂等重点部位的安全监管，推动把“最严谨的标准”落到实处，让“山东菜场”成为老百姓放心的“菜篮子”，全力保障学生饮食安全。对疫苗、血液制品、中药注射剂等高风险品种实施全覆盖检查。实施“暗访暗查”“联动联处”“罚帮并重”等机制，主动发现处置风险，切实督促企业整改，帮助规范提升。

二是聚焦突出问题，防范风险隐患。开展食品安全“守底线、查隐患、保安全”专项行动，推行“三定三查一检”做法，制定并推广“五净”标准，持续开展农村假冒伪劣食品整治行动。实施药品“盲抽盲检”，深挖风险隐患，加强省市县药品不良反应监测能力建设，强化风险识别、研判，提高数据审核评价和风险预警作用。

三是聚焦专项整治，推进能力提升。聚焦群众反映强烈、屡禁不止的突出问题和风险隐患，开展食品药品安全专项整治行动，实现消除一批风险隐患等“六个一批”的目标，依法严厉打击药品违法犯罪行为。

（八）全力维护社会安全稳定

社会稳定是推进改革发展的重要前提。多年来，山东社会治安大局持续平稳，影响安全稳定的各类风险总体可防可控。安全稳定工作连着千家万户，宁可百日紧，不可一日松。必须牢固树立人民至上理念，始终把群众安危冷暖放在首要位置，全面排查治理存量和新增风险隐患。

一是加强风险排查工作创新。及时预知预警风险。完善社会安全稳定形势定期研判制度，和全流程闭环管理机制，及时反馈核查处置情况，确保风险隐患预警处置到位。

二是加强基层治理创新。坚持和发展新时代“枫桥经验”，推进网格化服务管理规范化、精细化，畅通和规范群众诉求表达、利益协调、权益保障通道。

三是加强整体防控创新。统筹推进圈层查控、单元防控、要素管控，完善立体化信息化社会治安防控体系，依法打击各类违法犯罪活动，推进扫黑除恶常态化，保持社会和谐稳定。

四是加强应急处突机制创新。分类制定完善预案体系，加强跨地区、跨部门合成拉练演练，常态化开展模拟推演和应急演练，提升应急实战能力水平。

（九）全力提升疫情防控处置能力

当前，新冠肺炎病毒仍在不断变异，专家预测，全球大流行远未结束，疫情走势仍存在很大的不确定性。疫情防控关系群众生命安全，关系经济社会发展，是一稳皆稳、一失皆失的大事。必须准确把握疫情防控新特点，坚持“外防输入、内防反弹”总策略不放松，坚持“动态清零”总方针不动摇，落实“立足于有、关口前移、多重屏障、两手结合”的纵深防御方法，做到“点上要控住、面上要深挖、源头要严防、资源要保障、责任要落实”。

在抓好疫情防控各项工作基础上，统筹兼顾抓好安全生产、社会稳定、民生保障等各项工作，切实稳定经济运行，持续优化完善常态化防控机制，坚决守住不发生规模性反弹底线。一是快速提升核酸检测能力。统筹公立医疗卫生机构和第三方机构，实施检测能力提升计划。二是快速提升流调溯源能力。依托各级疾控中心和医疗机构，快速组建省市县三级流调队，常态储备基层“三公（工）”流调队，确保能够在紧急情况下第一时间混同编组，4 小时内完成核心信息调查，24 小时内查清关键线索、风险点位和基本链条。加快提升基因测序能力，确保能够第一时间锁定病例源头、做到“一锤定音”。三是快速提升集中隔离能力。实施快改造、硬提升，指导各地因地制宜进行改造储备，加快方舱隔离点储备。四是快速提升医疗救治能力。既建设配置齐全、高标准的定点医院和方舱医院，又储备一批“平急转换”迅捷的体育场馆等大型室内公共场所作为应急建设点。

三 将风险防控创新做实做细做好

面对国家安全形势变化的新情况新特点，把总体国家安全观落实到实践中去，落实到基层中去，不断创新工作举措，加快构建具有山东特色的新安全工作格局，突出做好重大风险防范和化解，是时代赋予我们的庄严使命。

（一）坚持党对国家安全工作的绝对领导

坚决维护党中央对国家安全工作的集中统一领导，确保党中央对国家安全的各项决策部署在山东落地落实。坚决打好全省维护国家安全总体战，充分调动党政军民学各战线各方面各层级的工作积极性，形成防范化解重大风险、维护国家安全的强大合力。坚持压紧压实全省各级党委（党组）国家安全责任，将国家安全责任纳入党委政府督查检查考核机制，一级抓一级、层层抓落实，努力衔接好重点领域责任链条，提升维护国家安全工作执行效能。

延伸阅读

全面落实党委（党组）国家安全责任制

2018 年 4 月 17 日，十九届中央国家安全委员会第一次会议审议通过了《党委（党组）国家安全责任制规定》，明确了各级党委（党组）维护国家安全的主体责任，为加强党对国家安全工作领导，推动形成“全国一盘棋”的强大合力提供了坚实有力的制度保障。

近年来，各级党委（党组）认真落实国家安全责任制，强化各级党委（党组）维护国家安全的主体责任、党委（党组）书记第一责任人的责任，切实承担起“促一方发展、保一方平安”的政治责任，将国家安全工作摆上重要议事日程，着力把防范化解重大风险工作做实做细做好，为在更高水平筑牢国家安全屏障奠定了坚实基础。

资料来源：求是网，2022 年 5 月 19 日

（二）健全国家安全工作机制

健全重点领域国家安全工作协调机制，强化力量、资源、信息等方面整合、链接，加大风险监测预警研判，协同做好风险防范化解，牢牢守住“一排底线”，以高水平安全保障高质量发展。健全国家安全情报信息工作协调机制，切实发挥有关部门单位职能作用，广泛发动广大人民群众，充分运用现代科技手段，积极实施统一归口、反应灵敏、准确高效、运转顺畅的情报信息收集、研判和使用制度。健全风险防范化解机制，坚持从源头上防范化

解重大安全风险，统筹推进市场监管、质量监管、安全监管、金融监管等措施手段，加快建立全方位、多层次、立体化监管体系，实现事前事中事后全链条全领域监管，堵塞监管漏洞。对直接关系人民群众生命财产安全、公共安全，以及潜在风险大、社会风险高的重点领域，推进重点领域风险应对预案编制，加强风险评估，实施重点监管，防范化解重大风险。

（三）加强国家安全宣传教育

坚持以人民为中心的工作导向，推进宣传教育常态化制度化普及化。在建好主阵地上，不断完善以威海刘公岛、枣庄台儿庄两个国家级基地为示范，以济南、青岛、烟台、临沂 4 个省级基地为骨干，以其他 10 个市级国家安全培训基地为支撑，以遍布全省各县（市、区）的总体国家安全观主题公园为基础的“2+4+10+N”宣传教育阵地体系，充分发挥宣传教育“支点”作用。在增强吸引力上，依托沂蒙红色文化传承区、胶东（威海）党性教育基地，实施红色文化与国家安全宣传教育融合发展工程，特别是通过“甲午海战”讲好“为国抗争”故事，通过“沂蒙红嫂”讲好“鱼水情深”故事，增强公民国家安全意识。在扩大覆盖面上，坚持将国家安全教育纳入领导干部教育培训体系、公务员培训体系、国民教育体系，系统推进国家安全教育进课程、进教材、进校园。在提高参与度上，以“4·15”全民国家安全教育日宣传活动为抓手，举办全民国家安全知识竞赛、创意大赛、“金牌宣讲员”评选等活动以及各类主题展览等活动，不断扩大受众面，扎实推动国家安全宣传教育进机关、进乡村、进社区、进学校、进企业、进军营、进网络。

延伸阅读

习近平总书记在首个全民国家安全教育日之际作出重要指示

2016 年 4 月 15 日，在首个全民国家安全教育日到来之际，习近平总书记作出重要指示，他强调，国泰民安是人民群众最基本、最普遍的愿望。实现中华民族伟大复兴的中国梦，保证人民安居乐业，国家安全是头等大事。要以设立全民国家安全教育日为契机，以总体国家安全观为指导，全面实施国家安全法，深入开展国家安全宣传教育，切实增强全民国家安全意识。要坚持国家安全一切为了人民、一切依靠人民，动员全党全社会共同努力，汇聚起维护国家安全的强大力量，夯实国家安全的社会基础，防范化解各类安全风险，不断提高人民群众安全感、幸福感。

2014 年 4 月 15 日，中央国家安全委员会第一次全体会议召开，在这次会议上，习近平提出了总体国家安全观重大战略思想，为新形势下维护国家安全工作确立了重要遵循。2015 年 7 月 1 日，第十二届全国人大常委会第十五次会议通过《中华人民共和国国家安全法》，将每年 4 月 15 日确定为全民国家安全教育日。

资料来源：共产党员网，2016 年 4 月 14 日

（四）提高运用科学技术维护国家安全的能力

提升国家安全技术水平，统筹推进技术融合、业务融合、数据融合，强化跨层级、跨地域、跨系统、跨部门、跨业务的协同管理，打通信息流通“大动脉”，实现数据的融合和共享。深入

推进数字赋能社会治理，通过大数据全面准确及时了解社会的真实状况及其演变态势，对社情民意作出恰当的价值判断和趋势分析，推动决策科学化。

延伸阅读

金融安全联合创新实验室正式成立

2022年1月27日上午，由山东省地方金融监督管理局指导，国家互联网应急中心山东分中心、山东大学、齐鲁工业大学、东软集团股份有限公司、山东星维九州安全技术有限公司联合创建的“金融安全联合创新实验室”在济南成立。

“金融安全联合创新实验室”将依托国家级相关技术优势和资源优势，融合高校科研能力和专业公司技术服务能力，以建好用好“金安工程”为着力点，围绕金融风险防控、金融监管科技、金融运行监测等开展政策研究、技术攻关和实践应用，增强金融领域科技创新能力，努力打造山东金融安全产学研用一体化技术高地，为维护金融安全、推动强省建设提供技术支撑和智力支持。

资料来源：山东省人民政府网站，2021年1月29日

（五）筑牢国家安全人民防线

建立健全全省各级国家安全人民防线组织，畅通人民群众参与国家安全的工作渠道。广泛宣传国家安全利益高于一切的观念，动员广大人民群众始终将维护国家安全利益放在首要位置，积极主动维护国家安全。树立严格保密意识，增强国家安全观念，提高警

惕、坚守底线，防止被套取敏感信息甚至被蛊惑策反。广泛动员全社会都行动起来，汇聚起共同维护国家安全的磅礴力量，铸成坚强有力的人民防线，使危害国家安全者无处藏身，危害国家安全的行为无法得逞。

（六）建强国家安全干部队伍

坚持以政治建设为统领，教育引导国家安全部门和各级干部增强“四个意识”、坚定“四个自信”、做到“两个维护”。坚持能力建设作为一项重要任务，突出实战、实用、实效导向，全面提升法律政策运用能力、防控风险能力、群众工作能力、科技运用能力、舆论引导能力；坚持严管和厚爱结合、激励和约束并重，努力营造风清气正、干事创业的良好生态。

第九章 加强文化宣传创新

文化是一个国家、一个民族的灵魂，文化兴国运兴，文化强民族强。习近平总书记高度重视文化建设，强调要坚定文化自信，推动中华优秀传统文化创造性转化、创新性发展，继承革命文化，发展社会主义先进文化，不断铸就中华文化新辉煌，建设社会主义文化强国。党的十九大报告明确了文化建设在中国特色社会主义新时代的基本定位，在中国特色社会主义新时代，文化建设的地位更加重要，作用更加凸显。

一 加强创新是文化强省建设的应有之义

山东省第十二次党代会提出，紧紧围绕“举旗帜、聚民心、育新人、兴文化、展形象”，推动宣传思想文化工作守正创新，全面促进文化繁荣兴盛，筑牢团结奋斗的共同思想基础。山东省《文化宣传创新 2022 年行动计划》明确提出建设文化交流新高地、打造文化活态传承新模式、探索文旅融合发展新路径、构建宣传舆论引导新格局四项主要任务，把创新摆在发展全局的核心驱动位置，用好齐鲁文化资源丰富的优势，不断提高文化创造力、传播影响力、宣传引导力。

（一）适应形势发展变化的必然要求

文化是国家发展、民族振兴的重要支撑。当前，世界正处于百年未有之大变局，世界多极化加速发展，世界政治格局发生深刻变化，经济全球化、社会信息化、文化多样化深入发展，各种思想文化相互激荡，交流更加频繁。文化交流和传播日渐成为各国交往的重要内容，不同文化间的相互影响和渗透日益加深，文化软实力在综合国力竞争中的地位和作用更加凸显。面对风云激荡的国际形势和日益激烈的文化竞争，文化宣传工作必须顺势而为、应势而动，积极探索创新文化发展传播的内容和形式，才能更好地展现中华优秀传统文化的现代魅力，向世界呈现更加真实立体全面的中国。

文化是社会发展的动力，是文明进步的标识。我国正经历着深刻的历史变革，在主流意识形态不断巩固发展的同时，文化多样化、多元化的特征日益显现，各种思想文化相互碰撞、相互交织、相互影响。实现高质量发展，必须以思想的新解放、文化的新进步来推动事业的新跨越，必须以创新的文化宣传工作厚植深厚的文化底蕴，从而凝聚起推动中华民族伟大复兴的强大精神力量。

山东始终牢记习近平总书记的殷切嘱托，扛牢优秀传统文化“两创”使命担当，全面加强文化宣传创新，增强经济社会发展创新力，更好展现文化山东形象，促进山东文化繁荣，培育深厚的人文土壤，将文化资源转化为发展优势，为山东高质量发展提供内在精神动力，推进文化强省建设在新征程上展现新气象新作为。

（二）筑牢共同思想基础的现实需要

文化是凝聚人心的纽带、引领前进的旗帜。一个国家、一个民族的强盛，一定是以共同的思想基础作为支撑。党的十八大以来，以习近平同志为核心的党中央把宣传思想文化工作摆在全局工作的重要位置，作出一系列重大决策，实施一系列重大举措，党的理论创新全面推进，中国特色社会主义和中国梦深入人心，社会主义核心价值观和中华优秀传统文化广泛弘扬，主流思想舆论不断巩固壮大，文化自信得到彰显，国家文化软实力和中华文化影响力大幅提升，全党全社会思想上的团结统一更加巩固。

当前，我国正处于经济社会转型的关键时期，各种社会思潮纷纭激荡，人们认知更加多元，信息传播渠道更加多样。在庞大繁杂的舆论场中，正确与错误并存、先进与落后交织，对宣传文化工作统一思想、凝聚人心等提出了新的挑战。做好新时代宣传文化工作，最关键的就是用习近平新时代中国特色社会主义思想武装全党、教育人民、推动工作，不断巩固马克思主义在意识形态领域的指导地位，巩固全党全国人民团结奋斗的共同思想基础；更好地分析把握社会思潮动态，不断增强政治敏锐性和政治鉴别力，旗帜鲜明坚持真理，立场坚定批驳谬误，析事明理以文化人、以理服人，敢于同错误思潮作坚决斗争；更好弘扬社会主义先进文化、红色文化和中华优秀传统文化，充分激发整个民族的潜能，为社会主义现代化建设提供精神动力。

新时代大道而行、新征程继往开来，关键靠旗帜引领方向、汇聚力量。文化宣传工作必须深刻把握新时代新征程的内在要求，顺应全省人民强省建设期待，加强工作创新，在思想文化领域正本清源、解疑释惑、廓清迷思，汇聚起锐意进取、砥砺奋进的精神力量，不断夯实“走在前、开新局”的共同思想基础。

延伸阅读

正能量要有大流量

做好新闻舆论工作，必须弘扬主旋律，传播正能量。全媒体时代，人人都是记者，都是流量出口。“正能量要有大流量”，唯有把正能量转化为舆论强势，才能有效提升传播影响力。

流量是衡量媒体特别是新媒体传播力、影响力的重要指标之一。哪里流量大，代表哪里受众多、人气旺。而对于主流媒体来说，受众在哪里，哪里就是主阵地、主战场。让正能量成为大流量，有助于在新媒体时代凝聚共识，让网络空间充满积极向上的力量。媒体要适应新闻舆论工作新形势，在提高传播能力上下更大功夫，切实提高新闻舆论传播力、引导力、影响力、公信力。

正能量代表着广大受众对于真善美的共同追求，从这个角度讲，正能量完全可以获得大流量。今年伊始，大众日报客户端精心制作的新媒体产品《这张在山东拍的照片，首次摆上习主席的书架》，一经推出迅速走红网络，网友纷纷点赞。在前不久举行的山东省与法国布列塔尼大区友好交流活动上，大众日报客户端作品《如果我能去山东？法国小朋友温暖治愈 MV 这样唱山东》，被各大媒体平台转载，获得了很高的传播量。不断涌现的网络“爆款”作品，说明正能量完全可以实现大流量。

资料来源：《大众日报》2022 年 7 月 6 日

（三）丰富人民精神生活的必由之路

习近平总书记强调："没有高度的文化自信，没有文化的繁荣兴盛，就没有中华民族伟大复兴。"党的十八大以来，社会主义文化事业取得了令人瞩目的成就，公共文化产品供给水平得到提升，公共数字文化服务加快发展，群众性文化活动丰富多彩，公共文化服务覆盖面和适用性进一步增强。随着社会主义文化事业的发展，人民对丰富精神文化生活的期待更加迫切、愿望更加强烈，文化越来越成为保障和改善民生的重要内容，成为衡量人民幸福指数的重要尺度和提高人民生活质量的关键因素。

但同时，我们也要看到，我们的宣传文化工作与人民群众日益增长的新要求、新期待相比还有很大差距。究其根源，很重要的一条就是宣传文化工作的创新能力不足，内容、形式和传播方式比较单一，改进提升的力度和速度相对滞后。不断加强文化宣传创新，保障人民群众的文化权，让人民共享文化发展成果，这既是党的执政使命，也是人民群众的迫切要求。积极推进文化宣传创新，为人民群众提供昂扬向上、多姿多彩的精神食粮，更好地保障人民基本文化权益，满足日益多样化、个性化的文化需求，让人们过上更加幸福美好的生活，需要我们付出更大努力。

造福群众是一切工作的出发点和落脚点。建设新时代社会主义现代化强省，其根本目的就是要在高质量发展中创造高品质生活，让全省人民群众的获得感、幸福感、安全感更加充实、更有保障、更可持续。作为高品质生活的重要内容，丰富人民精神生活是造福人民群众的一项重要内容，必须紧紧贴合人民群众的需要把文化民生放在更加突出的位置，改进工作方式方法，提升人民群众精神生活的获得感、幸福感。

（四）凝聚强省建设力量的有效抓手

文化是推动经济社会发展的强大精神动力，是加快能级跃升、跨越赶超的强劲引擎。加强文化宣传创新，讲好“山东故事”，是增强经济社会发展创新力的内在要求，是提升文化创造力、传播影响力、宣传引导力的必然选择，对于山东汇聚高质量发展新优势、持续推进新时代社会主义现代化强省建设具有重要意义。

山东是孔孟故里、礼仪之邦，悠久的历史、丰富的思想学说和文化风尚创造了灿烂的文明，赋予了我们可以深度耕作的人文沃土。近年来，山东充分发挥文化资源富集优势，加快中华优秀传统文化“两创”示范区建设，打造尼山世界文明论坛对话品牌，推动“好客山东”“好品山东”“好人山东”叫响全国，一系列富有创新、

深入传承弘扬中华优秀传统文化，推动世界文明交流互鉴，尼山世界文明论坛影响力持续扩大。2022 年 9 月，“2022 中国（曲阜）国际孔子文化节、第八届尼山世界文明论坛”在山东曲阜尼山举办。本届论坛除开闭幕式外，举办主旨演讲、驻华使节访谈、高端对话、高端访谈、联合国教科文组织孔子教育奖颁奖典礼、中希古典文明对话、文物文学艺术论坛、世界青年论坛、世界儒商文化论坛等 40 余场对话交流活动。　图片来源：大众网

富有成效的工作，为推动经济社会发展提供强大精神力量，营造出良好舆论氛围。

当前，全国各地文化建设普遍提速，呈现你追我赶、百舸争流、竞相发展的态势，这充分表明，我国文化发展已进入新的历史阶段。面对这一现实，不发展不行，发展慢了也不行。加快文化强省建设，山东既面临难得的历史性机遇，也面临新的形势、新的要求和人民群众新的期待，需要以文化宣传创新为抓手，组织广大党员干部在当好指挥员、战斗员的同时，当好宣传员、引导员，坚持正确舆论导向，提升舆论引导能力，营造积极向上舆论氛围，把各方面力量凝聚起来，努力把宣传文化力量转化为推动高质量发展的新动能。

二 山东加强文化宣传创新面临的形势任务

全面推进文化强省建设，激励全省广大干部群众以昂扬的精神状态奋进新征程、建功新时代，需要文化宣传工作更加自觉主动地围绕中心、服务大局，创新内容、创新形式、创新手段，以更高标准落实“举旗帜、聚民心、育新人、兴文化、展形象”的使命任务，为强省建设“走在前、开新局”汇聚磅礴力量。

（一）充分认清山东文化宣传创新的比较优势

齐鲁大地文化底蕴深厚，文脉绵延数千年而不绝，儒家文化、黄河文化等源远流长，是中华文明的重要发祥地；尼山世界文明论坛成为全球文明交流互鉴的重要平台；山东历史文化资源富集，拥有 4 处世界文化遗产，226 处全国重点文物保护单位，1968 处省级文物保护单位，1万余处市县级文物保护单位，居全国前列。齐鲁文化中蕴涵着丰厚的改革创新精神，在几千年的文明赓续传承中，以“苟日新，日日新，又日新”为代表的创新精神，给齐鲁文化的发展提供了不竭动力，是山东人民发愤图强的精神源泉。

山东红色文化底蕴深厚，“党群同心、军民情深、水乳交融、生死与共”的沂蒙精神，是山东党政军民在长期的革命斗争中共同铸就的伟大革命精神，是中国共产党人精神谱系的重要组成部分，蕴含着新时代创新奋斗的力量。习近平总书记在2013年11月视察山东时指出：“山东是革命老区，有着光荣传统，军民水乳交融、生死与共铸就的沂蒙精神，对我们今天抓党的建设仍然具有十分重要的启示作用。”新时代需要我们大力发扬沂蒙精神，以昂扬向上的奋斗精神攻坚克难，以求真务实的精神苦干实干，自觉投身新时代社会主义现代化强省建设的伟大实践。

山东人脉资源丰富，是江北最大侨乡，海内归侨侨眷120万人，海外华人华侨120万人。忠诚守信、敢闯敢干的儒商、鲁商遍布国内外，这是促进山东经济社会高质量发展的宝贵财富和重要力量，可以推动齐鲁文化走向世界，增强山东在全世界的影响力。

历史和现实充分证明，山东深厚的文化积淀和革故鼎新的文化基因，是推动高质量发展的不竭动力。齐鲁儿女从不缺乏敢闯敢干的胆识与魄力，绝不被旧体制、旧观念束缚。在奋进新征程的路上，山东必将站在潮头、勇于改革、拼搏开拓，锐意进取、大胆探索，在困境中主动寻求自我发展道路，在艰苦创业中走出敢为人先的奋斗之路。

（二）紧紧锚定山东文化宣传创新的目标任务

山东省第十二次党代会明确提出实现“社会文明程度实现新跃

升”的目标要求：社会主义核心价值观广泛弘扬，群众思想道德素质明显提高，社会信用水平全面提升，“厚道齐鲁地、美德山东人”形象更加闪亮；文化产业提质升级，公共文化服务体系不断完善，人民精神文化生活更加丰富；齐鲁文化资源优势充分彰显，打造中华优秀传统文化“两创”新标杆成效显著。这为全省文化宣传创新指明了方向。围绕这一任务目标，就要坚持“两个结合”，牢牢把握宣传文化创新的主要任务，推动宣传思想文化工作再上新水平、走上新台阶。

构筑道德文明新高地。强化理想信念教育，推动社会主义核心价值观融入日常生活，倡树新时代美德健康生活方式，持续深化移风易俗，健全志愿服务体系，建设新时代美德山东。提升新时代文明实践中心建设水平，实施文明创建工程，实现地级城市全国文明城市全覆盖，广泛选树时代楷模、道德模范、最美人物、山东好人等先进典型，让文明风尚浸润齐鲁大地。大力弘扬沂蒙精神，深入推进沂蒙、胶东等红色文化传承发展示范区建设，赓

大力培育和践行社会主义核心价值观，倡导新时代美德健康生活方式，擦亮“厚道齐鲁地、美德山东人”品牌。图为2022年3月5日，山东省威海市启动深化“五为”文明实践志愿服务活动。

图片来源：大众网

续红色基因。

打造文化“两创”新标杆。深入推进尼山世界儒学中心建设，扩大尼山世界文明论坛影响力。加强“山东文脉”工程建设，组织编纂《齐鲁文库》。高水平建设沿黄、环黄渤海、曲阜、淄博、泰山、崂山等优秀传统文化传承发展片区。加快长城、大运河、黄河国家文化公园等山东段建设，打造一批文化新地标。实施古城、古镇、古村、古街、古建筑保护计划，加强文物和非物质文化遗产保护传承。推动党史、档案、地方史志等工作创新发展。

建强文化文艺新鲁军。坚持以人民为中心的创作导向，实施“齐鲁文艺高峰”计划，培育壮大鲁剧、鲁艺、鲁版图书等品牌，推出更多具有齐鲁风格、齐鲁气派的精品力作，培养造就一批享誉海内外的名家大师。深入推进哲学社会科学创新工程，加强新型智库建设。深化文化惠民工程，完善城乡公共文化服务体系。推进全民阅读，建设“书香山东”。深化媒体融合发展，打造新型主流媒体。加强国际传播能力建设，推动更多“鲁”字号文化

深入实施“齐鲁文艺高峰”计划，着力推出更多具有齐鲁风格、齐鲁气派的精品力作。2022 年 7 月 1 日晚，由山东省京剧院创作演出的革命题材京剧《燕翼堂》，精彩亮相北京梅兰芳大剧院。图为《燕翼堂》剧照。

图片来源：大众网

产品走出去，讲好中国故事山东篇。

延伸阅读

海量资源，扫码阅读

“书香山东·数字阅读”共享工程重磅推出

为满足城乡居民特别是“一老一小”、困难群体无障碍、无差别的阅读需求，山东省委宣传部实施“书香山东·数字阅读”共享工程，为城乡居民推出免费数字阅读服务，并纳入省政府《2022年“稳中求进”高质量发展政策清单（第二批）》。

“书香山东”小程序二维码

实施“书香山东·数字阅读”共享工程，采取线上线下相结合的方式，在全省城乡投放“书香山东”数字阅读二维码，为广大读者提供3.8万册图书、3100种期刊、10000集视频讲座、5000集听书、400门文化慕课的数字阅读服务，并实时进行更新。

读者通过微信扫码登录，即可免费阅读海量电子图书、期刊，获取讲座、听书、文化慕课等视听资源。

资料来源：大众网，2022年4月2日

塑造文旅产业新优势。完善文化产业功能区布局，高标准建设青岛影视基地、泰山新闻出版小镇等一批文创产业园，培育千亿级优势文化产业集群。推进“山东手造”工程，加快发展新型文化企业、文化业态、文化消费模式。实施文化数字化战略，壮大数字创意、网络视听、数字出版等产业。坚持以文塑旅、以旅彰文，大力发展乡村游、康养游、研学游，提升智慧文旅水平，做强“好

"传承不是'束之东阁'，守护也并非'敬而远之'"，让山东传统文化活起来，不仅仅要拂去历史的尘埃，更要让齐鲁精粹从小众中走出来，走进我们生活当中。作为"山东手造"工程的重点工作之一，山东手造展示体验中心是省、市、区三级携手打造的集"山东手造"销售、研发、会展、孵化、研学为一体的手造产业园。 图片来源：人民网

客山东"品牌，打造国际著名文化旅游目的地。

（三）准确把握文化宣传工作创新的基本原则

党的十八大以来，党中央始终将创新摆在发展战略首位，强调国家和民族各项事业必须以创新发展为驱动。尤其针对宣传思想文化工作的社会条件与以往大不相同的情况，适时调整策略，使宣传思想文化工作同时代发展紧密结合，从内容和实践上进行不断创新，在新时代展现出了新气象、新作为。推进山东文化宣传工作创新，就必须深入学习贯彻习近平总书记关于宣传思想工作的重要论述，紧密结合新时代中国特色社会主义强省建设实际，努力实现山东宣传思想文化工作高质量发展。

坚持以党的创新理论为指导。习近平新时代中国特色社会主义思想是当代中国马克思主义、21世纪马克思主义，是中华文化和中国精神的时代精华，是做好一切工作的思想旗帜和行动指南。习近平总书记在领导新时代党的宣传思想工作实践中，就宣传思想工作许多方向性、全局性、战略性重大问题发表一系列重要论述，涵盖宣传、思想、文化工作各领域各方面，深刻阐明宣传思想工作的地位作用、目标任务、职责使命、实践要求，系统回答新时代为什么要加强党的宣传思想工作、怎样加强党的宣传思想工作等重大问题，形成了科学完备、逻辑严密的思想和工作指导体系。这一系列重要论述，把我们党对宣传思想文化工作的规律性认识提升到一个新高度，开辟了马克思主义理论的新境界，是新时代新征程上宣传思想工作的根本遵循和行动指南，也理所应当是我们推进山东宣传文化创新的根本遵循。

坚持始终以人民为中心。随着物质生活水平提高，人们精神文化需求越来越多样、要求越来越高，有文化娱乐层面的，也有思想、精神、心理层面的，需要我们准确把握、创新施策，切切实实增强人民群众的文化获得感、幸福感、安全感。推进宣传文化创新，就要强化话语创新性转换，推动中国特色社会主义理论体系大众化，使党的理论、方针、政策等转化为人民群众的思想自觉和自觉行动；就要虚心向群众学习，站稳人民立场，着重宣传报道人民群众的伟大奋斗、先进典型和感人事迹，创作群众喜闻乐见的文艺精品，丰富人民精神世界，增强人民精神力量，满足人民精神需求；就要把宣传思想工作服务群众同教育引导群众的作用结合起来，把满足人民需求同提高人民素养结合起来，通过深入做好组织、宣传、教育、服务群众的工作，更好凝聚起群众的力量。

坚持守正与创新的辩证统一。守正创新是习近平总书记对宣传思想工作提出的明确要求。“守正”就是要站稳政治立场，把好正确的政治方向、舆论导向和价值取向，把好宣传文化工作的“时度效”，在大是大非面前旗帜鲜明、立场坚定、坚决斗争。“创新”就是要面对新阶段、新形势、新任务特别是新技术、新应用、新变化，积极应变、主动求变，研究新情况、解决新问题、创造新经验，不因循守旧、墨守成规。守正与创新是辩证统一的，守正是创新的前提，创新是为了更好地守正，不创新从根本上说也守不住“正”。要在守正的基础上，加强理念创新，拓宽思路视野，把握大局大势；统筹网上和网下，推动主力军向主战场转移，切实掌握网上工作主动权；注重贯通融合，有效整合各方资源力量，下好“一盘棋”，打好整体战。加强手段创新，重点推进宣传文化领域的数字变革和创新，主动运用新技术、新应用、新场景，用数字赋能文化宣传工作。加强基层工作创新，适应社会生活的新变化和基层群众的新要求，面向基层、贴近实际、贴近生活、贴近群众，推进基层文化宣传工作高质量发展。

三 推进山东文化宣传创新的“重点工程”

围绕做好新时代全省文化宣传工作，必须坚持以工程项目作为重要载体和抓手，实施宣传文化创新“重点工程”，持续推进文化强省建设，在新征程上展现新气象、新作为。

（一）实施党的创新理论研究阐释能力提升工程

大力提升习近平新时代中国特色社会主义思想研究阐释能力。

发挥习近平新时代中国特色社会主义研究中心作用，用好省重点社科理论研究基地、重点新型智库、重点马克思主义学院，加强对习近平新时代中国特色社会主义思想学理化阐释、学术化表达、系统化建构。围绕科学回答中国之问、世界之问、人民之问、时代之问，组织研究阐释中国式现代化新道路与人类文明新形态、共同富裕、中国共产党执政规律与长期执政、人类命运共同体等重大课题，深化对共产党执政规律、社会主义建设规律、人类社会发展规律的认识和理解。深入研究习近平新时代中国特色社会主义思想的基本脉络、实践历程，阐释清楚其中深刻的道理学理哲理，提炼出具有学理性的新表达新观点，为推进实践基础上的理论创新提供山东样本。围绕“跟总书记学方法”编写学习读本、制作理论节目，对习近平新时代中国特色社会主义思想蕴含的丰富科学思想方法和

深化新时代党的创新理论和重大现实问题研究阐释交流，山东着力打造“泰山论坛”高端理论研讨品牌。图为 2022 年 8 月 18 日下午，由中共山东省委、求是杂志社共同主办的深入学习贯彻“两个确立”理论研讨会（泰山论坛）在泰安举行。

图片来源：大众网

工作方法作出系统化阐释，在学思想、用方法上作出山东探索。鼓励大家、名家写“小文”，推出更多脍炙人口的理论通俗读本。

大力加强重大实践问题研究。聚焦解决现实问题，以中国实践为研究起点，紧紧围绕新发展阶段、新发展理念、新发展格局以及现代化强国建设、国家治理、全过程人民民主、铸牢中华民族共同体意识、科技自立自强、防范化解重大风险等事关社会主义现代化建设全局的重大问题，形成一批高质量研究成果，为服务全国大局探索新路、作出贡献。聚焦服务山东发展大局，围绕“走在前、开新局”目标要求和山东“十四五”时期发展目标，聚焦“六个一”发展思路、“六个更加注重”策略方法、“十二个着力”重点任务，聚焦“十大创新”“十强产业”“十大扩需求”等重点工作，开展前瞻性、系统性、储备性研究，形成既有学理性也有实践指导性的研究成果，当好服务决策、推动发展的“智囊团”。聚焦回应群众问题，及时回应社会热点，深入浅出地解疑释惑、析事明理。围绕就业、教育、收入、住房、医疗、养老、环境等，每年策划立项一批应用研究课题，让学术研究更好更多惠及人民。

大力加强哲学社会科学特色研究。依托山东丰厚的优秀传统文化、特色鲜明的红色文化，深入推动“两创”研究，围绕“两个结合”“四个讲清楚”等，推进实施《儒典》《齐鲁文库》等编纂工程，推出一批有深度有厚度的研究成果。着眼推动物质文明与精神文明建设相得益彰，推动中华传统美德融入现代生活，形成适应新时代要求的思想观念、精神面貌、文明风尚、行为规范。深化儒家文化、齐文化、泰山文化、黄河文化、运河文化、红色文化、海洋文化等系统性研究，逐步形成系列、打造品牌。围绕黄河流域生态保护和高质量发展、新旧动能转换、乡村振兴齐鲁样板、现代化海洋强省、对外开放新高地、全环境立德树人等事关全省发展的“山东话题”，提炼省域探索的“山东经验”，在观照现实、服务实践中推出一批具有山东辨识度的研究成果。着眼夯实研究基础，大力提升优势学科、锻造特色学科，推动马列科社、党史党建、应用经济、中国历史、哲学、教育学等传统优势学科高质量发展，加快发展海洋经济学、绿色经济学等新兴学科，力争在优势学科、特色学科、骨干学科、新兴学科等方面有重大突破，打造哲学社会科学山东高地。

（二）实施宣传引导创新突破工程

创新宣传引导机制。制定全省宣传引导创新平台机制建设实施方案，建设全省宣传舆论引导统一指挥工作机制，打造统一信息服务平台。发挥好山东省新闻中心作用，加大权威信息发布，举办新闻发布实战演练培训班，办好“问政山东”等舆论监督栏目。

壮大全媒传播声音。紧扣学习宣传贯彻党的二十大精神，在全省新闻战线开展重大主题宣传，开展行进式、互动式调研采访。围绕“十大创新”“扩内需十大行动”“十强现代优势产业集群”等，组织“创新引领走在前，聚力实现新突破”等主题宣传。创新开展“好客山东·好品山东”宣传推介，做好“纪录小康工程”系列丛书编撰工作。加强与中央主流媒体、重点商业平台合作，实施“视听山东”“走读山东”“文化山东”等外宣项目。

创新网络宣传传播和表达方式。完善网络正能量传播体系，构建先进文化与先进技术紧密结合、传统媒体与新兴媒体有机融合、主流媒体与各类网站平台协调配合的工作格局。打造“这就是山东”网络宣传品牌、“齐心鲁力”网评特色品牌，坚持用互联网

好客是真情，好品凭厚道。山东深入实施质量强省战略，推出一批体现特色、广受欢迎的山东“好品”，“好客山东 好品山东”正成为高质量发展的靓丽名片。2022 年 9 月 8 日下午，由中央广播电视总台和山东省人民政府共同主办的“好客山东 好品山东”宣传推介活动在北京举行。

图片来源：齐鲁网

思维、可视化传播、生活化语态讲好山东好品故事，以小切口反映山东高质量发展成就，打造针对不同领域、不同平台、不同人群的融媒精品。

加快媒体深度融合发展。推动重点省级媒体内容、技术等联通共享，完善提升省级融媒体技术平台，做强主流舆论阵地、综合服务平台、社区信息枢纽功能，提升海报新闻、闪电新闻、新黄河客户端层次水平，培育打造新媒体旗舰。在先行试点基础上，采取“一市一策”的办法推进市级媒体一体化改革。提升县级融媒体中心优质内容生产能力，对重大主题宣传实行省市县同步部署、同步推进，推动县级融媒体中心积极拓展政务服务、便民服务、社区治理等功能。创新开展传播力评价体系建设，建立基于大数据的全媒体传播力评价系统，逐步优化完善评价指标、评价办法，不断提升媒体的传播力、引导力、影响力、公信力。

（三）实施文化“两创”新标杆打造工程

在中华优秀传统文化研究阐释上树立新标杆。加强中华文化和中国精神的时代精华研究，深化“两个结合”“两创”“四个讲清楚”等专题研究，形成学术研究体系，每年推出专著成果。定期举办“两创”主题论坛，提升“两创”专题理论栏目节目质量。建强尼山世界儒学中心，实施“尼山学者”计划，常态化举办尼山杏坛、尼山讲堂，每年出版《尼山丛书》。加强“山东文脉”工程建设，大力推进全球汉籍合璧工程，汇编《中华民族交往交流交融史料（山东卷）》。

在创新举办尼山世界文明论坛上树立新标杆。着眼提升论坛层次能级，以学术论坛为基础，加强人文综合论坛和国际文明对话平台建设，争取纳入国家主场外交和外宣总体战略。更大范围邀请外国政要、驻华使节、国际名人、世界名城和友好城市市长、国内外知名学者和名校校长与会，建立月月有交流、季季有活动举办机制。着力放大论坛效应，以尼山世界文明论坛为牵引，举办黄河文化论坛、运河文化论坛、红色文化论坛等，组织高校、社科研究机构有针对性地开展国际学术交流活动。

在中华优秀传统文化“两创”空间展示上树立新标杆。着力加强重大文化片区建设，加快建设曲阜优秀传统文化传承发展示范区、齐文化传承创新示范区、泰山文化传承发展示范区、沂蒙红色文化传承发展示范区和沿渤黄海文化片区、胶东红色文化片区建设，推动建设山东文化“两创”展示体验馆、齐国故城国家考古遗址公园、泰山博物院及济南、青岛国防教育馆（基地），充分展示文化“两创”成果。保护传承弘扬黄河文化，建设黄河文化遗产

山东扎实推进曲阜优秀传统文化传承发展示范区等重大文化片区建设，推出大型文献《儒典》、大型纪录片《稷下学宫》等精品佳作。图为山东省曲阜市孔子博物馆。

图片来源：大众网

廊道（山东段）和黄河国家文化公园，高水平保护大汶口遗址。

在中华优秀传统文化全方位传播上树立新标杆。强化“好客山东”“好品山东”“好人山东”融合宣传推介，加强与中央主流媒体、重点网络媒体、商业平台等深度合作，共同讲好中华优秀传统文化“两创”故事，推出《中国字·中国人》等外宣精品。深入挖掘中华优秀传统文化中的廉洁元素，丰富廉洁文化的思想内涵和时代价值，加强新时代廉政文化建设。

（四）实施新时代美德山东建设工程

推动理想信念教育常态化制度化。加强中国特色社会主义和中国梦宣传教育，建立完善社会主义核心价值观入法入规协调机制，组织开展“法治文化建设示范基地”“法治宣传教育示范基地”评选活动，打造“弘扬宪法精神 守护黄河母亲”等法治宣传品牌。建立健全多部门、跨区域、跨行业的守信联合激励和失信联合惩戒工作机制，开展诚信主题宣传实践活动，推动诚信建设制度化。加强文艺界行风和职业道德建设，进一步完善行业自律制度，对文艺从业人员的违法失德行为依法依规依章严肃处理。

倡树新时代美德健康生活。着眼个人层面社会主义核心价值观的实践养成，区分乡村、社区、学校、机关、企业等领域，开展“自律助人、孝老爱亲、服务利他、节俭绿色、共建共享”新时代美德健康生活倡树试点工作。广泛弘扬中华传统美德、弘扬时代新风，用社会主义核心价值观凝魂聚力，为建设新时代社会主义现代化强省提供源源不断的道德滋养。深化社会主义核心价值体系建设，全面推进社会公德、职业道德、家庭美德、个人品德建设。开展新时代美德山东主题宣传，编写《新时代美德健康生活》普及读物，开展主题情景小剧创作展示。

大力选树宣传先进典型。制定先进典型选树宣传工作实施办法，做好时代楷模、道德模范、最美人物、山东好人等选树发布工作。深化“学雷锋·做山东好人”活动，完善五级联动选树机制，定期举办山东好人发布仪式暨道德模范与身边好人现场交流活动，举办新时代美德山东建设系列典型推介。组织道德模范、最美志愿者、美德健康生活方式工作典型等记者见面会，举办最美志愿者发布仪式。实施“千媒万屏”户外公益广告宣传计划，组织开展新时代美德山东公益宣传征集展示活动。

深化拓展新时代文明实践。推动新时代文明实践中心（所、站）建设，实现有场所、有队伍、有活动、有项目、有机制“五有”标准全覆盖，做到资源整合到位、体制机制健全到位、服务群众精准到位。强化志愿服务组织、讲解、演示、分享、引导等作用，发挥物质和精神“两个力量”，用好解决实际问题和解决思想问题“两把钥匙”。精准开展为老、为小、为困难群体、为需要心理疏导和情感慰藉群体、为社会公共需要“五为”志愿服务，加强美德健康生活方式志愿服务组织建设，引导大专院校学生积极参加志愿服务，构建点多面广、供需对接的“15 分钟志愿服务圈”。加强文艺志愿服务，创作演出一批展现美德健康生活方式的小剧小品，倡导科学文明的生活理念、生活方式。

（五）实施文化旅游融合发展工程

推动文化产业高质量发展。制定文化强省建设规划纲要，召开文化强省建设座谈会，开展文化强省建设示范市（县）创建活动。打造“山东手造”品牌，建立“山东手造”标准体系，建成集设计、生产、展览、销售于一体的新兴产业体系，打造一批生产基地和展示体验中心，扩大对外文化贸易。办好中华传统工艺博览会，举办“振兴传统工艺·鲁班杯创意设计与手造大赛”，建设山东手造（济南）展示中心、山东手造非遗工坊。制定推进文化创意产业高质量发展的若干措施，强化重点产业项目招商引资。

提升“好客山东”文旅品牌。启动实施“好客服务”质量提升三年行动，推动“好客山东”品牌纳入央视 2022“品牌强国工程”。推进“好客山东·云游齐鲁”智慧文旅工程，开展山东文旅网络营销“个十百千万”系列行动，实施“百企领航”培育计划。持续组织文化和旅游惠民消费季，打造“山东剧场院线”品牌，开展“好客山东·爱驾齐鲁百县自驾行”等活动。

培育发展“文旅 + 康养”等新业态产品体系。开展文旅康养强县创建，推出一批文旅康养体验游精品线路。实施文化产业园区高质量发展三年行动，抓好国家级文化产业示范园区创建培育。推进精品景区建设，支持地方建设文旅综合体。培育新型文旅消费模式，发展中高端文化体验游，推广文旅“慢直播”，提升“新时代·新鲁菜”美誉度。推动沉浸式情景小剧创作演出，打造20个示范性试点项目。举办中国国际文化旅游博览会、山东省旅游发展大会。

构建全域文化旅游发展格局。融通京津冀、江浙沪等市场，统筹特色文旅资源，培育发展文化深度体验游中高端项目。依托传统文化资源，吸收现代文化元素，与乡村休闲观光游相结合，发展一批特色文化旅游精品，培育一批民俗文化旅游村，打造一批精品文化旅游民宿、乡村记忆博物馆，推动红色旅游重点项目、红色沂蒙文化旅游区质量提升工程等项目建设。积极融入黄河流域生态保护和高质量发展等重大国家战略，加强黄河、大运河、齐长城国家文化公园建设。推动文旅产业深度融合，建设沿黄、沿大运河、沿齐长城、沿黄渤海四大文化体验廊道，打造济南省会经济圈、青岛胶东经济圈两个文化旅游发展极，黄河、大运河、山水圣人、红色文化等6条文化旅游带，及济南—泰山—曲阜优秀传统文化、齐文化、大运河、黄河三角洲等四大文化旅游示范区，构建“两极引领、六带隆起、四区支撑”的文化旅游发展格局。

（六）实施数字文化工程

坚持数字战略引领。编制文化数字化建设规划纲要，制定推动文化创意产业高质量发展的若干措施，实施智慧印刷、绿色印刷工程。加强青岛5G高新视频实验园区、东方影都体验基地建设，举办首届中国（山东）数字文化产品博览交易会。顺应数字产业化和产业数字化发展趋势，加强5G、大数据、云计算、人工智能、物联网、区块链、元宇宙等在文化创意产业重点领域的集成应用和创新，推进文化创意产业“上云用数赋智”。加强数字文化内容原创能力建设，推动文化资源数字化开发，培育和塑造一批具有鲜明齐鲁文化特色的原创IP。加快数字文化领域关键核心技术研发应用，推动传统文化基础设施转型升级，加快传统线下业态数字化改造和转型升级。

持续推进数字文创。统筹推进文化内涵挖掘与数字技术应用，以长城、大运河、黄河国家文化公园（山东段）为重点，逐步推进国家文化公园数字化展示管理，推动中华优秀传统文化创造性转化、创新性发展。支持文化文物单位、A级旅游景区、主题公园、特色街区、乡村旅游区等，运用虚拟现实、增强现实、4K/8K、无人机等技术开发沉浸式体验项目，发展全息影像、无人机表演、夜间光影秀等产品。鼓励各地依托传统文化产业优势，发展动漫、云展览、云娱乐、数字艺术、沉浸式体验、线上演播等新兴业态。探索借助人工智能、VR等新技术新应用，打破不同媒介传播壁垒，以“艺术+技术”方式，推出一批新媒体产品，增强可视化呈现、互动式传播效果。

创新现代媒体推介。围绕特色文化遗产、文学艺术、人文风俗等，建立素材库，分类别、分层级管理，策划系列选题，形成主流媒体主动参与、民营机构自媒体积极融入、省市县三级广播电视和网络视听制作机构平台同频共振的文化宣传新生态。实施中华优秀传统文化新媒体传播工程，打造推出《宝藏齐鲁》《山东之美·手造》等系列短视频，推出更多形象生动、承载文化的图文、音视频、HR等融媒体产品，利用各种新媒体平台传播推送，让优秀传统文化活起来、火起来。

延伸阅读

百部大片从这里诞生

灵山湾北岸、朝阳山上，“东方影都”4个大字面朝大海，矗立在丛林与山石之间。2013年，青岛市从山脚下的滩涂、渔村中，划出92平方公里，设立灵山湾影视文化产业区，进行整体开发运作。2017年，青岛被联合国教科文组织授予“电影之都”称号，灵山湾影视产业发展提速。2018年，剑指“东方好莱坞”的东方影都正式建成运营。截至目前，灵山湾影视文化产业区已累计完成投资1100余亿元，集聚产业项目总投资近3000亿元，数百部影视大片在这里诞生。

《长城》《流浪地球》《疯狂的外星人》《刺杀小说家》《封神三部曲》《独行月球》……细数诞生于东方影都的国产大片，科幻、奇幻、魔幻的色彩十分浓烈。截至目前，东方影都集聚的影视企业已达756家，其中规上影视企业30家，累计接待剧组200余个，电影票房总产出超过160亿元。在中国经济信息社去年发布的《中国影都竞争力指数报告（2021）》中，东方影都的综合竞争力指数位列中国影都第3位。

数据显示，2020年青岛西海岸新区备案立项影视作品52部，2021年达到113部。今年在年初新一轮疫情影响下，上半年新区备案立项作品仍然达到了54部。

东方影都以国际顶级标准摄影棚等“硬科技”，赋能工业电影全流程。

东方影都建起亚洲最大的影视虚拟化制作平台。

《流浪地球》拍摄现场。

资料来源：《大众日报》2022 年 9 月 7 日

（七）实施文化宣传人才引育工程

着眼推动文化宣传工作守正创新、高质量发展，坚持顶层立事、以事找人、人随事走、事成人就，在文化宣传各领域精准培养引进一批名家大师、行业领军人才、中青年骨干和紧缺专业人才。

创新人才引进机制。根据文化宣传重大项目、重大平台建设需要，采取“一事一议”“一人一策”方式引进顶尖人才。推行文化宣传重大项目“揭榜”制“赛马”制等，实行目标导向的“军令状”制度，面向全国招聘急需紧缺人才。打造一批文化创意产业、数字文化产业等特色创业基地和产业园区，引进、集聚一批创意、创新、创业人才。利用“山东—名校人才直通车”“高校山东行”“青鸟计划”等人才招引活动，开展优秀文化宣传青年人才招聘活动，进一步优化博士人才招聘程序和保障条件。

完善人才培养机制。充分保障和发挥宣传文化企事业单位在人才培养、引进、使用、评价和激励等方面的自主权，在省直主要新闻单位试点开展在编制总量范围内因事设岗、按岗聘用。推动宣传文化单位与高校联合培养硕士、博士研究生，建强尼山世界儒学中心联合研究生院。引育高端领军人才，搭配顶级创意策划人才、工业设计人才、企业家人才、传播营销人才，形成集成创新、多元立体化的人才创新团队。分层分类制定实施人才教育培训计划，持续开展增强“脚力、眼力、脑力、笔力”教育实践，支持优秀人才到国（境）外高水平大学访学进修。探索增加泰山人才工程总量，加大人文社科领域高层次人才吸引集聚力度；改进齐鲁文化人才工程，调整优化齐鲁文化英才、齐鲁文化之星遴选周期、数量。

创新人才评价和激励办法。实施人才评价制度改革，破除唯论文、唯职称、唯学历、唯奖项“四唯”评价倾向，实行“事和人”一体化考核评价机制，建立以“事”的质量、实效、效益等为导向的人才分类评价体系，强化用人单位人才评价主体地位。改进宣传思想文化领域职称评定制度，完善职称评审绿色通道，推动国家深化思想政治工作专业技术人员职称制度改革落地实施。深化收入分配机制改革，以增加知识价值为导向，对高层次人才实行绩效工资倾斜、年薪制、协议工资制、项目工资制等激励措施。加强对文化宣传领域国家级人才的配套支持，对其承担的具有战略性、基础性、前瞻性的研究课题，以及担负的急事难事要事、特色项目等予以倾斜和扶持。改进经费管理办法，提高经费中绩效激励比重，为承担重大项目的人才配备专门助手，在预算编制、经费报销等方面提供专业化服务。采取以奖代补形式，加大对优秀成果、优秀阵地平台、优秀人才团队等的奖励力度。为符合条件的海内外引进和自主培养的高层次人才颁发“山东惠才卡”，在子女入学、医疗保健、交通旅游等方面提供绿色通道服务。

改进人才使用方式。采取顾问指导、挂职兼职、合作引进、退休特聘等柔性方式引才用才，积极与高校、科研机构共引共用高层次人才。打破户籍、身份、学历、人事关系等制约，推动宣传思想文化人才跨领域、跨部门、跨区域优化配置，促进城乡、区域、行业和不同所有制之间人才顺畅流动。畅通文化宣传党政人才、企业经营管理人才、专业技术人才挂职和交流任职渠道，鼓励和引导文化宣传人才到艰苦地区、基层一线建功立业。畅通人才咨政建言渠道，完善重要成果报送制度和转化运用机制。探索建立名家工作室、领军人才创新团队，研究完善导师制、师徒制等人才培养传帮带机制，发挥高水平人才的示范带动作用。

第十章 加强推进落实创新

重实干、抓落实是马克思主义的鲜明品格。习近平总书记多次强调，一分部署、九分落实。当前，山东正处在新时代社会主义现代化强省建设的关键时期，要推动山东各项工作“走在前、开新局”，让人民群众有更多获得感、幸福感、安全感，唯有牢记习近平总书记嘱托，一步一个脚印狠抓落实，以实干挺起时代的脊梁。

一 推进落实创新十分重要而紧迫

习近平总书记指出，抓好落实，具有良好的精神状态和优良的作风很重要，建立科学管用的制度和机制同样很重要。这就要求我们必须站在全新的视角，深刻领会和积极推动落实上的改革创新。

（一）推进落实创新是提升经济社会发展创新力的应有之义

经济社会发展创新是包括落实创新在内的全方位创新，创新力是在每一次创造性落实中累积而成的。比如，在推动新冠疫苗接种宣传推广工作中，山东创造性地给健康码镶上金边，这一设计创新带动了公众接种疫苗的积极性，这就是在落实中创新、在创新中落实。没有落实，就没有改造世界的具体行动，也就谈不上经济社会的发展；没有落实创新，就没有改造世界的丰富手段，也就谈不上增强经济社会发展创新力。因此，必须坚持系统思维，把握创新的整体性、统一性，推动形成创新合力。

（二）推进落实创新是提高抓落实科学性、实效性的必然要求

“落实创新”的重要性，不仅体现在“落实”二字上，还体现在“创新”二字上，形式主义、机械呆板地落实，与创新方式方法抓落实，效果大不一样。当前，各级在抓落实过程中还不同程度存在手段单一、方法陈旧，笼而统之、大而化之，程序繁琐、效率低下，只重痕迹、忽略结果，干部无闲、群众无感等问题。解决这些问题，既要持续加强干部队伍作风建设，也要积极适应客观实际和工作实践变化，克服惯性思维、摆脱路径依赖，运用创新的思维和办法把各项工作落实到位。比如，针对“十大创新”“十强产业”“十大扩需求”，山东分别制定2022年行动计划，按照工程化、项目化、清单化的要求，细化实化目标任务，逐一明确路线图、时间表、责任方，确保行动计划可落地可实施。

（三）推进落实创新是树立真抓实干工作导向的重要举措

忠诚干净担当，不是口号，而是行动；不是表态，而要体现在每项工作的落实上，工作举措要求实，工作过程要务实，工作成效要扎实。推进落实创新，旨在杜绝“口号式”落实，推动党员干部时刻保持“脚踏实地”的干劲，一切工作往深里做、往实里做、往细里做，问题在一线发现、政策在一线实施、工作在一线落实，推动重大政策、重要工作、重点项目沉底落地。推进落实创新，旨在杜绝“表态式”落实，推动党员干部时刻保持“披荆斩棘”的冲劲，不做“空谈家”“守摊人”，争当“行动派”“操盘手”，

立说立行、紧抓快办、少说多做，确保党委政府决策部署高质高效落实。推进落实创新，旨在杜绝“包装式”落实，推动党员干部时刻保持“滴水穿石”的韧劲，发扬“钉钉子”精神，不搞“形象工程”“面子工程”，一张蓝图绘到底、一以贯之抓落实，努力干出经得起实践、人民、历史检验的实绩。

二 把握推进落实创新的着力点切入点

推进落实创新是一项系统工程，既要持续完善督查、考核等传统工作手段，也要不断探索“四进”等新的工作机制，还要统筹相关抓落实力量，形成多点发力、整体提升的良好工作格局。

（一）发挥督查“利剑”作用

习近平总书记指出，没有督查就没有落实，没有督查就没有深化。山东省委、省政府将督查作为推动落实的“利剑”，着力解决不落实、难落实的重点难点问题，推动形成真抓实干、狠抓落实的良好氛围。

加强体系建设。一是构建统一指挥的领导体制。成立省委、省政府督查工作领导小组，由省委领导同志担任组长，加强对省委、省政府督查检查和专项督查（督察）工作的组织领导和统筹协调。二是构建一体推进的工作机制。整合省委、省政府督查机构和人员力量，成立省委省政府督查办，在全国首个实现省级层面党政督查机构整合、职能融合、力量聚合，形成一体推进党委、政府重大决策部署督查落实的工作机制。三是构建齐抓共管的督查格局。出台《关于建立督查协调联动机制推动重点工作落实的规程》，纵向统筹省派驻基层工作力量和下派干部力量，横向统筹省级部门专业督察力量和综合执法力量，建立督纪联动、督巡联动、督审联动、督考联动、督媒联动工作机制，形成统筹力量“协同作战”、信息共享“一果多用”、联合监督“破解难题”的推进落实新格局。

突出督查重点。一是把习近平总书记重要指示批示精神的督查落实作为头等大事。出台《关于进一步贯彻落实习近平总书记重要指示批示精神的若干措施》，形成由省委常委会负总责、省级负责同志分工负责的推进落实机制，每年开展贯彻落实情况“回头看”。出台《习近平总书记重要批示件办理和督查工作办法》，形成“建立台账—督办落实—抽查检查—定期报告—跟踪问效”的全链条贯彻落实体系，确保习近平总书记重要指示批示要求落地生根、开花结果。二是把省委、省政府按照中央决策部署作出的重大决定督查落实作为重中之重。对省委、省政府重要文件、重要会议部署安排的重点工作，及时细化分解，明确责任分工、落实措施和时限要求，强化跟踪督办。统筹省党代会、省委常委会工作要点、省政府工作报告以及“十大创新”“十强产业”“十大扩需求”行动计划确定的重点任务，建立“1+3”重点工作任务清单、目标清单、责任清单，对落实进展情况每月一调度、每季一督查，形成目标明确、责任清晰、措施有力、监督有效的推进落实体系。三是把领导同志批示交办事项的督查落实作为重点任务。建成“省委领导同志批示交办事项项目化管理系统”，围绕“收、筛、建、转、督、查、报、果”8个环节，优化批示件督办落实工作机制，以“钉钉子”精神抓好督办落实，对涉及群众切身利益的问题，及时开展实地回访复核，确保办理结果群众满意。

创新督查方式。一是注重统筹整合。在全国率先出台《关于统

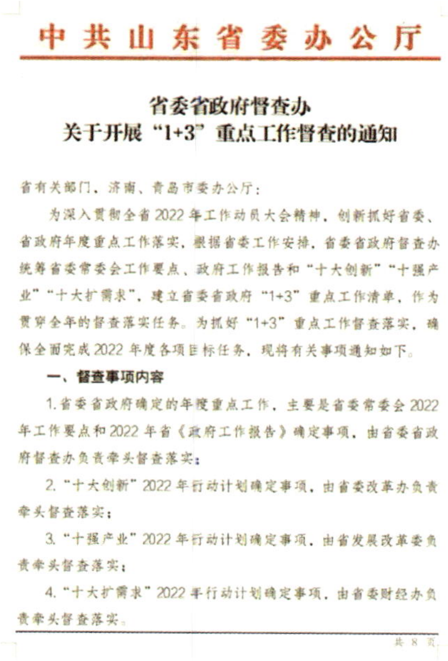

中共山东省委办公厅

省委省政府督查办
关于开展“1+3”重点工作督查的通知

省有关部门、济南、青岛市委办公厅：

为深入贯彻全省2022年工作动员大会精神，创新抓好省委、省政府年度重点工作落实，根据省委工作安排，省委省政府督查办统筹省委常委会工作要点、政府工作报告和“十大创新”“十强产业”“十大扩需求”，建立省委省政府“1+3”重点工作清单，作为贯穿全年的督查落实任务。为抓好“1+3”重点工作督查落实，确保全面完成2022年度各项目标任务，现将有关事项通知如下。

一、督查事项内容

1.省委省政府确定的年度重点工作，主要是省委常委会2022年工作要点和2022年省《政府工作报告》确定事项，由省委省政府督查办负责牵头督查落实；

2.“十大创新”2022年行动计划确定事项，由省委改革办负责牵头督查落实；

3.“十强产业”2022年行动计划确定事项，由省发展改革委负责牵头督查落实；

4.“十大扩需求”2022年行动计划确定事项，由省委财经办负责牵头督查落实。

共 8 页

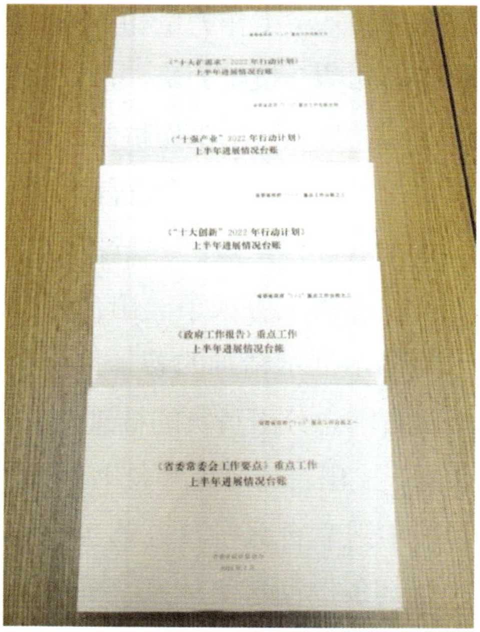

2022年3月，山东省委省政府督查办创新建立“1+3”重点工作推进落实机制。
图片来源：山东省委办公厅

筹规范全省督查检查考核工作的具体措施》等制度规定，创新年度计划管理，对列入年度计划的事项严格执行审批报备制度，对未列入计划的事项一律不得以省委、省政府名义开展；创新统筹整合方式，将时间相近、内容相似的事项统筹整合为一类综合性督查检查事项，采取联合组团方式开展，做到事项统筹、力量统筹、成果统筹；创新监督管理渠道，建立省级督查检查活动统筹调度信息管理系统，实现线上审批备案、行程实时监控、结果跟踪问效三大功能，对在督查检查中滥用职权，搞形式主义、官僚主义的，严肃追究相关人员责任。二是注重数字赋能。搭建山东“互联网+督查”平台，常态化开展社情民意、问题线索征集工作，优化完善功能设置和分类督办流程，全力解决群众关心关注的重点问题。搭建督查网上管理平台，对每月调度情况、每季督查情况实行“红、黄、绿”亮灯管理，并上网通报，实现重点工作推进可视化管理、全过程跟踪、即时化督办。三是注重“督帮一体”。不仅在“督”字上下功夫，还在“帮”字上做文章，紧盯深化改革、项目建设、民生改善等领域的难点问题，直面矛盾较真碰硬，由点及面推动整改，打通落实的“最后一公里”。比如，围绕破解经济社会发展中的困难问题，组织各市提报需省级层面研究解决的具体问题，制订落实分工方案，由省领导同志牵头帮助各地解决。

（二）进一步完善“四进”工作机制

深入贯彻落实习近平总书记“从上级党政机关、企事业单位等抽调更多干部支援基层”的重要指示要求，自2020年3月开始，山东从省、市两级选派干部组成“四进”攻坚工作组，进企业、进项目、进乡村、进社区，精准高效推进省委、省政府重大工作部署落实落地。

把握“一个原则”。就是进一步做优做强“四进”工作队伍，充分发挥推进落实的职能作用。围绕这个基本原则，2022年工作动员大会后，将原有省“四进”攻坚工作组、省安全生产专项督导工作组、省疫情防控督导组进行整合，新组建省“四进”工作队，作为派驻基层的常态化固定工作力量，并构建专门管理体系，健全规范工作运行和管理的长效机制，做到“人员在、机制在、作用在”，提升推进落实的整体效能。

融合“两级力量”。在省级层面即管理层面，融合原有省“四进”攻坚工作办公室、省安全生产专项督导工作专班、省疫情防控督导工作专班人员力量，组建省“四进”工作办公室，由省委办公厅牵头管理，负责统一调度、具体管理派驻市、县（市、区）“四进”工作队，打造高效有力的指挥中枢。在市、县层面即执行层面，融合原有3个组派驻市、县（市、区）的工作力量，进一步优化完善“四进”工作队人员选派和定期轮换机制，确保人事相适、人岗相适，形成一支常态常驻、常换常新、扎根基层、助推发展的生力军。“四进”工作机制调整后，在16市分别设工作总队，在136个县（市、区）分别设工作支队，各总队、支队以半年为一个工作周期，成员从省市党政机关、事业单位、国有企业、高等院校中择优选派，全部实行跨市、县（市、区）异地上岗。

统筹“三大任务”。一是疫情防控工作。在常态化疫情防控工作中，“四进”工作队将继续按照既有工作部署，进一步加大现场督查力度，坚决守住守牢来之不易的疫情防控成果。二是安全生产工作。在各总队、支队专门设置督导检查组，承接原省安全生产专项督导工作组相关工作，继续盯紧盯牢安全生产重点领域、重点行业企业、重点人群，持续开展“三个责任”落实情况、安全生产专项整治行动督导。三是重大项目督导工作。按照年度督导工作安排，重点围绕省市县重点项目、政府专项债券项目、技改项目、基础设施“七网”项目、黄河流域生态保护和高质量发展项目等，分期分批进行全覆盖现场督导服务，深入摸排投资进度、要素保障、手续办理等方面情况，排查发现并督促解决问题，推进重点项目加快建设。

发挥“四种作用”。一是“信息员”作用。发挥派驻基层优势，深入一线查实情、听真话，把情况和数据搞清楚、搞准确，为省委、省政府决策提供第一手资料。二是“宣传员”作用。围绕省委、省政府出台的惠企利民政策，深入群众、深入企业精准宣传解读，推动优惠政策直达一线。三是“服务员”作用。围绕重大项目建设、重点民生事项、疫情防控措施落实等，深入开展服务督导，帮助协调解决具体问题。四是“监督员”作用。实地走访查看上级政策措施落实落地情况，对发现存在的“中梗阻”问题，及时向省委、省政府汇报，并督促抓好整改落实。

（三）用好考核“指挥棒”

上级考核的“指挥棒”决定着基层的“大合唱”。推进落实创新，要建立一套科学有效的考核机制，切实发挥考核区分优劣、奖优罚劣、激励担当、推动落实的作用。

科学设置指标。一是突出高质量发展导向。聚焦落实习近平总书记对山东工作的重要指示要求，紧扣省委“六个一”发展思路、“六个更加注重”策略方法、“十二个着力”重点任务，落实“十强产业”“十大扩需求”“十大创新”行动，精准选取代表性强、关联度高的核心性、综合性、引领性指标。对经实践证明不符合高质量发展要求、推动工作失去实际意义、基层意见比较集中的指标，在下年度考核中予以优化调整。二是加大差异化考核力度。统筹考虑各地区、各系统、各单位差异性，创新分组分类考核，既考核总体总量、贡献程度，又注重发展变化、结构优化和改善幅度，防止“一刀切”，克服“内卷化”，避免“庸俗化”。在省直机关服务高质量发展绩效考核中，由各考核单位按照创新争先推进落实、依法履职提质增效考核内容，根据年度工作安排，分别研究提出本单位任务清单，由省委考核工作领导小组办公室综合研究，统筹确定一个单位一张清单，作为年度考核内容；在16市高质量发展综合绩效考核中，在推动各市全面贯彻落实高质量发展一致性要求的同时，统筹考虑各市发展基础、发展任务、发展要求、资源禀赋、经济结构、产业布局等方面差异，将16市分为3组进行考核，针对每组设置不同指标、不同目标、不同权重，更加注重考核动态变化和改善情况，在省属事业单位服务高质量发展绩效考核中，分教育、科研、卫生健康等15个行业领域实施考核；在省属本科高校高质量发展绩效考核中，分博士学位授予权高校、硕士学位授予权高校、其他公办本科高校3类实施考核；在省管企业高质量发展绩效考核中，分经营类企业、金融类企业和文化类企业3类实施考核，引导各地各部门单位锻长板、补短板、固底板，比学赶超、创新发展、竞相发展。

优化考核方法。一是加强平时考核。在16市高质量发展综合绩效考核中，考核责任单位开展季度监测、定期汇总分析指标任务推进情况，按时向省委考核工作领导小组办公室报送指标数据，及时做好反馈提醒、跟踪督导等工作；省委考核工作领导小组办公室会同各考核责任单位，结合督查、检查、调研等情况，开展半年评估，帮助各市及时发现问题、预警纠偏、推动整改；强化平时考核结果运用，将“十强产业”行动计划工作成效等序时进度要求高、目标任务可分解指标的季度监测和半年评估成绩，按比例计入年度考核结果。在省直机关服务高质量发展绩效考核中，开展月度盘点和半年评估，考核责任单位对各项指标数据进行全时段监测、全过程管理、全方位分析，密切关注、实时研判，准确发现问题、提出建议，帮助被考核单位改进提升。二是坚持“开门考核”。牢固树立以人民为中心的发展思想，在16市高质量发展综合绩效考核中，深入开展群众满意度调查，广泛听取群众对基本公共服务和生态环境等方面的意见，不断提高人民群众的获得感、幸福感、安全感；在省直机关服务高质量发展绩效考核中，开展“两代表一委员”、服务对象和媒体评价，督促省直单位不断提升工作作风、工作态度、工作效率。

用好考核结果。坚持考人与考事紧密结合，把考核结果运用到干部选拔任用、教育培养、管理监督、关爱激励等工作中，作为评价领导班子和领导干部实绩的主要依据。对考核“一等”的市、考核“优秀”的省直单位，适当提高其领导班子成员和公务员年度考核优秀等次比例，表现突出的干部同等条件下优先使用或者晋升职级；对考核“四等”的市，由省委考核工作领导小组副组长约谈市委书记、市长，考核“较差”的单位需向省委、省政府书面报告原因、提出整改措施，根据具体情形对有关干部进行提醒、批评、组织调整或组织处理。通过完善考核结果运用，引导各级树牢正确政绩观，把心思和精力用在比创新、比发展、比实绩、比贡献上，真正考出精气神、考出竞争力、考出执行力。

（四）下好抓落实“一盘棋”

坚持系统观念，充分发挥纪检监察、巡视巡察、人大监督、审计监督、政协民主监督、新闻媒体监督等的重要作用，推动各类监督同频共振、同向聚合，形成推动落实的合力。

强化纪检监察监督。充分发挥纪检监察机关作为党和国家监督专责机关作用，不断增强监督的政治性、协同性、有效性，以强有力监督推动各级守土有责、守土尽责，狠抓工作落实。一是加强政治监督。坚持把习近平总书记重要讲话、重要指示批示和党中央重大决策部署作为重中之重，跟进监督、精准监督、全程监督，坚决查处有令不行、有禁不止以及落实中的形式主义、官僚主义问题。比如，围绕落实习近平总书记对山东工作重要指示要求，部署开展黄河流域生态保护和高质量发展专项监督，深入推行“一台账、两清单、双责任、双问责”监督机制，推动各级党组织和广大党员干部把“两个维护”从外在要求转化为内在自觉。二是深化权力运行监督。把监督重心放在“关键少数”，将“一把手”作为日常监督、线索处置、巡视巡察的重点，在廉政谈话、述责述廉、监督调研、政治生态分析中注重了解“一把手”工作生活情况；把监督探头嵌入重点领域，紧盯政法、国企、金融等权力集中、资源富集、资金密集部门，紧盯教育、医保、社保、食品药品安全等民生领域，加大监督力度，严密防控机制；把监督“放大镜”瞄准小微权力，聚焦惠农惠民政策措施落实、村居集体“三资”管理、征地拆迁等领域的小微权力，严肃查处群众身边的腐败和作风问题。三是提升监督效能。拧紧责任链条，开展下级党委（党组）书记向上级纪委全会述责述廉、县级党政班子成员向同级纪委全会述责述廉，构建省市县三级述责述廉体系；立足“监督的再监督”，加强对职能部门履责情况的监督检查，健全通报反馈、约谈提醒、督查问责等机制。强化纪委监委协助引导推动功能，在党内监督主导下做实专责监督、贯通各类监督，提升监督整体效能。

强化巡视巡察监督。坚持把巡视巡察作为管党治党、国家治理的重要手段，作为推动落实的有力抓手，切实发挥监督保障执行、促进完善发展作用。一是持续深化政治巡视巡察。紧跟习近平总书记重要指示要求开展巡视巡察，将省委贯彻落实习近平总书记重要讲话、重要指示批示精神的具体举措作为总抓手，及时跟进监督落实情况；坚持人民至上，紧盯教育、卫生、环保、住建、扶贫等重点民生领域，推动解决人民群众“急难愁盼”问题；准确把握政治和业务的关系，对照各级党组织职能职责和“三定”规定，见人、见事、见思想、见态度、见行动，督促被巡视党组织同党中央决策部署对标对表，以实际行动坚决做到“两个维护”。二是完善巡视巡察联动工作格局。坚持横向融合，深化巡视与纪律、监察、派驻监督的统筹衔接，建立健全巡视与组织、审计、信访、财会、统计、督查等职能监督的协作机制，拓展巡视监督的力度、深度和广度；坚持纵向贯通，坚持巡视巡察一体谋划、一体部署、一体推进，探索上级对下级巡察机构领导和指导督导的具体路径，深入实践巡视巡察联动监督；坚持多措并举，把常规巡、专项巡、机动巡、点穴巡有效结合，时常“回头看”，善杀“回马枪”，打好“组合拳”，释放监督常在的强烈信号。三是狠抓巡视整改和成果运用。扭住主体责任这个“牛鼻子”，持续传导压力、夯实责任，激发被巡视党组织抓整改的内生动力；把巡视整改监督作为日常监督的重要内容，优化巡视反馈、整改监督和成效评估等工作机制，以强有力监督确保巡视反馈问题整改到位；加强巡视成果运用，对突出问题重点督办、共性问题面上整治、行业问题专项治理，推动以巡促改、以巡促建、以巡促治。

强化人大监督。扎实履行宪法和法律赋予人大的监督职责，实行正确监督、有效监督、依法监督，推动国家机关依法履职。一是以良法保障善治推动落实。准确把握人大主导立法的职责定位，把改革发展决策同立法决策更好结合起来，统筹立改废释纂，加强重点领域、新兴领域立法，以高质量立法保障高质量发展、推进全面深化改革、维护社会大局稳定。二是提升人大监督力度和实效。坚持依宪依法开展监督，推进每一个监督项目都做到于法有据，推动法律法规全面有效实施，保证人大监督工作的权威性；坚持聚焦聚力开展监督，紧扣党中央重大决策部署制定监督计划，围绕党委中心工作设定监督任务，针对人民群众所思所盼实施监督项目，保证人大监督工作的精准性；坚持凝聚合力开展监督，推动省市县三级人大常委会协调联动，充分发挥人大各专门委员会、常委会各工作部门的职能作用，广泛动员各级人大代表开展监督活动，保证人大监督工作的协调性。三是优化完善人大监督方式。用好听取审议专项工作报告这一使用最多、最经常的法定监督方式，着力完善审议意见的形成、转办、督办、反馈等程序，确保审议意见有深度、有指向、有落实、有报告；持续优化执法检查工作，用好专家顾问、人大代表、热心群众等多方面力量，采取随机抽查、问卷调查、暗访等方式，充分发挥执法检查“法律巡视”监督利剑作用；全面加强专题询问工作，在推进公开、强化协同、增强实效上下功夫，充分发挥专题询问问题揭示、政策宣示、成果展示的平台作用。

延伸阅读

山东省人大常委会连续6年对安全生产及应急管理进行执法检查

2021年8月底至9月上旬，山东省人大常委会组成6个执法检查组，赴16个设区的市对全省贯彻实施《中华人民共和国安全生产法》《中华人民共和国突发事件应对法》《山东省安全生产条例》《山东省突发事件应对条例》情况进行全覆盖检查。据悉，这是省人大常委会连续6年对安全生产及应急管理“两法两条例”进行执法检查。检查组首次邀请省监

2021 年 9 月 29 日，山东省十三届人大常委会第三十次会议针对全省安全生产及应急管理工作展开专题询问。

察委员会、省检察院等单位全程参与执法检查工作，突出问题导向，注重发挥省、市、县（市、区）人大三级联动作用，实地检查 129 个企业（单位），发现各类问题 181 个（处）；委托检查 1053 个企业（单位），发现各类问题 1170 个（处）。

资料来源：闪电新闻，2021 年 9 月 24 日

强化审计监督。立足“审计监督首先是经济监督”定位，做好常态化“经济体检”工作，做到党中央重大政策措施部署到哪里、国家利益延伸到哪里、公共资金运用到哪里、公权力行使到哪里，审计监督就跟进到哪里。一是聚焦聚力重点领域。聚焦黄河流域生态保护和高质量发展、新旧动能转换、乡村振兴等重大战略、重大举措，做好跟进审计工作；聚焦积极财政政策落实落地，加大对财政资源统筹、政府专项债、重大公共工程投资等审计力度；聚焦解决群众“急难愁盼”问题，深入开展对就业、教育、社保、养老等民生领域重点项目资金的审计；聚焦防范化解重大风险，扎实开展

金融审计、国资国企审计，积极发挥审计在稳定宏观经济、推动重大政策落地等方面的服务保障作用。二是深化审计整改和成果利用。压实审计整改责任，实行审计整改“清单制”“销号制”管理。加强审计监督体系建设，强化上下联动，加大统一审、上审下、交叉审、异地审力度，深化拓展审计监督广度、深度，推动解决区域性、系统性问题。推进审计工作法治化、科技化、专业化、系统化，加强跨领域、跨部门、跨层级、跨年度审计成果综合分析，一体推进揭示问题、规范管理、促进改革，服务党委政府科学决策。三是增强联动监督合力。强化纪审联动、巡审联动、督审联动，健全日常沟通、工作协同、成果共享等机制，特别是对巡审同步开展项目同时进驻、协作配合，巩固提升监督成效。

强化政协民主监督。发挥人民政协作为社会主义协商民主的重要渠道和专门协商机构的独特优势，大力支持参加人民政协的各党派团体和各族各界人士开展协商式监督，助推工作落地落实。一是突出监督重点。围绕党委政府重要工作落实、重大事项和重要领域，开展会议监督和调研视察监督；围绕党委重点任务分工开展提案办理监督，打造“提、交、办、督、评”工作闭环，推动提案建议得到采纳落实；围绕改革攻坚重点任务开展专项监督，按照“少而精、专而深、准而实、活而新”的原则，找准存在的困难、短板和薄弱环节，从大局上、根本上、长远上提出务实建议。二是增强监督实效。注重精心选题，坚持从大处着眼、小处着手谋划议题，提升监督的精准性，为分类分项解决问题提供参考；注重精深调研，充分发挥政协委员作用，深入开展调查研究，剖析基层典型、探索发展规律、形成真知灼见；注重精准建言，对监督意见交叉论证、多方审议，多用实例、数据等做支撑，做到发言说到点子上、批评点到关键处，切实发挥改进工作、推动落实的作用。三是丰富监督形式。坚持形式与内容相匹配，将民主监督同履行政治协商、参政议政职能相结合，融协商、监督、参与、合作于一体，寓监督于协商会议、视察、提案、专题调研、大会发言、反映社情民意等活动之中，使民主监督特色优势得到充分发挥；完善民主监督组织领导、知情明政、协调落实、办理反馈、权益保障机制，为政协民主监督工作创造良好条件。

延伸阅读

山东省政协首次举行专题监督性常委会会议，让民营经济政策“大礼包”落地落实

2019 年 4 月 26 日上午，山东省政协十二届常委会第七次会议在济南召开。围绕“促进民营经济政策落实”，100 多位省政协常委同省发展改革委、财政厅、工信厅、自然资源厅、科技厅、生态环境厅、市场监管局、银保监局、税务局、地方金融监管

2019 年 4 月 26 日，山东省政协十二届常委会第七次会议，围绕“促进民营经济政策落实”开展专题监督。

局等部门负责同志共聚一堂，直言问题、提出建议、交流想法，共同为促进民营经济发展献策出力。这是省政协首次举行专题监督性常委会会议，会议把监督与协商、现场互动与远程交流、直面问题的辣味与解决问题的甜味统一起来，有力推动支持民营经济发展的政策措施落地落实。

资料来源：闪电新闻，2019 年 4 月 27 日

强化新闻舆论监督。充分发挥新闻媒体优势作用，创新监督形式，完善制度保障，提升新闻舆论监督对工作落实的正向推动作用。一是坚持与中心大局同频共振。聚焦党委政府中心工作、改革发展中的重点难点问题以及群众最关心最直接最现实的实事，有组织、有计划、有目的地开展监督活动，使新闻媒体成为党委政府开展工作的重要助手。二是把推动解决问题作为基本出发点。坚持正确舆论导向，开展建设性监督，通过建立“督媒联动”等工作机制，形成问题发现、分类、转办、落实、反馈、公开全流程工作闭环，实现精准发现问题与推动解决问题相统一。三是不断丰富监督内容和形式。积极融入新媒体崛起下的新传播生态，报、网、端、微、号等协同发力，多角度、多平台直观展现新闻媒体监督活动，增强新闻媒体监督的影响力和实效性。四是守牢不发生负面舆情的底线。立足于事实准确，既不片面失实，也不夸大事实；立足于导向正确，坚持批判性思维和建设性效果相统一，监督中有引导，批评中有建设；立足于严格管理，设定严格的宣传纪律、廉洁纪律、保密纪律，杜绝利用非理性情绪进行炒作，杜绝借媒体监督谋取私利。

延伸阅读

直面问题 问出成效——《问政山东》三年间

2019 年 3 月 3 日，在山东省委、省政府直接推动下，以新闻舆论公开监督为特色的省级大型融媒问政访谈栏目《问政山东》正式开播。2022 年 3 月 3 日，《问政山东》栏目完成国家级经济技术开发区第 4 场回头看特别节目。至此，整整走过 3 年。3 年间，60 多位省直部门、中央驻鲁单位、16 市政府、有关功能区的主要负责同志走进演播室现场接受问政，110 多个县（市、区）的主要负责同志通过直播连线接受问政，在电视直播中反映并推动解决了 1910 多项具体问题，在网络问政平台累计受理并推动解决了 58200 多件具体问题。

2022 年 8 月 4 日问政直播现场，节目创新增加“群众会场”，实现人民群众与市长直接对话，打通服务群众的“最后一公里”。

资料来源：《光明日报》2022 年 3 月 21 日

三 塑造推进落实创新的良好环境

推动落实创新，既需要有党员干部的良好精神状态和务实工作作风，更要有推动敢于担当、狠抓落实的良好环境。

（一）强化正向激励

引导形成落实创新的良好氛围，必须建立促进实干担当的正向激励体系。

树立鲜明的选人用人导向。山东省委认真落实习近平总书记要求，坚决贯彻新时期好干部标准，鲜明树立重实干重实绩重担当的用人导向，不断把政治过硬、实绩突出、群众公认的干部选拔到重要领导岗位。坚持全省干部“一盘棋”，组织干部在省市县乡之间交流任职，遴选干部在国有企事业单位和党政机关之间交流任职，注重从基层一线选拔使用干部，努力在更大范围、更广领域发现使用优秀人才。

做好表彰奖励工作。创新开展“担当作为好书记（好干部）”“干事创业好班子（好团队）”“攻坚克难奖”“勇于创新奖”评选表彰等工作，开展“最美公务员”和“人民满意的公务员示范单位”选树活动，推动形成“事争一流、唯旗是夺”的浓厚氛围。提高基层一线干部在各类评比表彰中的比例，乡镇（街道）机关事业单位年度考核优秀等次比例可以提高到 20%。建立省、市、县三级典型储备库，按照层级、类别、荣誉基础等进行分类管理、动态调整。

加强对干部的关心关怀。出台《关于关心关爱基层干部减轻基层工作负担的十条意见》等文件，建立乡镇工作人员工资性收入正常增长机制，全面落实乡镇工作补贴等津贴补贴政策，确保乡镇工作人员收入高于县直机关同职级人员水平。建立领导干部联系和走访慰问基层干部制度，市、县（市、区）党政领导班子成员每人联系 1–2 个乡镇（街道）。

（二）把容错纠错和澄清保护制度落到实处

坚持严管和厚爱结合、激励和约束并重，建立容错纠错和澄清保护制度，旗帜鲜明为敢于担当、踏实做事、不谋私利的干部撑腰鼓劲。

明确容错纠错的原则。严格做到“四个不得”，即对未经调查核实的事项，任何组织和个人不得随意提出问责要求；执法执纪部门不得向下级党委、政府和有关部门单位“戴帽”提出问责要求；不得将问责人数多少、问责对象职务高低作为评价工作的依据；不得以问责代替管理。对工作中出现的问题和偏差，先责令整改，整改不力需启动问责的，视情况采用相应问责手段；确需启动问责的，只要没造成大的损失或可补救的，可以从轻、减轻或免于问责。

明确容错纠错结果的运用。予以容错不予追究责任的，在全面从严治党检查考核、年度考核、综合考评、评先树优、干部选拔任用、职级晋升、职称评审、岗位竞聘，以及党代表、人大代表、政协委员选举等方面不受影响。予以容错减轻、从轻或者免予处理的，影响期满后，对其综合研判问题性质、主观动机、轻重程度以及一贯表现，全面、历史、辩证地考核评价，符合条件的，按照干部选拔任用有关规定及时合理使用。

及时做好澄清保护工作。对受到诬告陷害的干部，在一定范围内进行澄清正名、消除负面影响；对故意诬告陷害的，严肃查处，涉嫌违法犯罪的移送有关机关处置。将澄清正名工作纳入全面从严治党主体责任检查考核、廉政谈话、述责述廉，作为日常监督、派驻监督和巡视巡察监督重要内容。

（三）深入推进数字赋能

数字化是重塑管理模式、提升治理效能的重要手段。当前，山东正全面推进经济社会各领域数字化转型，不断把更多服务事项纳入网络渠道办理。

推动各类事项“一网通办”，变“人工审批”为“智能审批”。持续拓展“一网通办”总门户，全面支撑各类依申请事项上网运行，全省依申请政务服务事项网办率达到 90% 以上、全程网办率超过 80%，全省 2700 多个事项实现全程无人工干预“秒批秒办”。建成全省统一的“爱山东”移动政务服务总门户，各级各部门适合掌上办理的服务事项“应接尽接”，群众不进办理大厅，就可实现“一部手机走齐鲁”。深化“无证通办”，推出全省统一的“居民码”“企业码”，推行“免证办事”“一码通行”，500 多类电子证照实现“手机亮证”。深化“网上办公”，全方位升级“山东通”平台，实现跨部门、跨层级公文传输互联互通。

推动线上、线下协同处置，实现全天候、全时段。加强执法监管智慧化建设，通过远程、移动、非接触式监管方式，大幅提升执法监管效率。构建安全生产信息化监管体系，实现对建筑施工、矿山生产、化工园区监管、危化品运输、燃气输送等方面的无缝隙管理。构建上下协同、信息共享的生态环境监测监控网络，推进覆盖大气、水、固体废弃物、污染源、核与辐射等的智慧环境监测监控，实现对环境质量、污染源和生态状况的实时监控。推进城市公用设施智能化升级，提升城市供水、排水、燃气、热力、电力、通信、轨道交通等设施设备即时动态感知能力。

延伸阅读

山东“12345”服务热线

近年来，山东深入推进热线归并和优化，打造便捷、高效、规范、智慧的政务服务“总客服”。一是提升标准、实现归并。高标准完成热线归并，对于中央所列 32 条热线归并清单中，13 条需整体并入的热线，省市全部整体并入；14 条可双号并行的，省级有 11 条提高标准整体并入、3 条双号并行；省以下自行设立的热线全部整体并入。二是完善制度、畅通渠道。省市两级热线全部做到拨通后无语音导航层级能够直达人工，同时拓宽优化网络渠道受理功能，切实方便企业群众反映诉求。三是统一流程、提升效率。制定热线受理、派单、办理、答复、回访、评价、督办、结单等全环节工作流程，依托全省统一的诉求事项分类及编码，话务人员可迅速精确找到办理责任部门单位。

资料来源：山东省政府办公厅，2022 年 4 月

推动各种信息资源聚合整合，实现管理服务无死角、全覆盖。进一步整合应急、公安、消防、气象、交通、城管等信息资源，建成智能感知、快速反应、精准指挥、科学决策的数字应急指挥体系，实现一键下达、即时落实。建设全省一体化综合指挥平台，形成省市一体、完整统一、高效协同的全省经济社会运行态势感知体系和可视化指挥调度体系，不断实现“一屏观全省，一网管全省”。

（四）创新“条块协同”机制

多年来，条块分割、条强块弱始终是困扰上级决策部署在基层贯彻落实的重要问题，统筹各层级协同配合、配套联动始终是一个重大课题。

推动上下贯通。围绕打通资源上下贯通的渠道，山东积极探索建立“乡呼县应、上下联动”的工作机制，精准有效解决基层诉求。一是厘清责任边界。抓住深化镇街管理体制改革的契机，制定《乡镇工作条例》《关于明晰县乡职责规范属地管理的若干意见（试行）》等文件，建立镇街属地管理事项主体责任和条块部门配合责任清单，不断理顺和明晰条块部门和乡镇街道的职责权限，形成上下联动的聚合效应。二是赋予基层权限。赋予镇街对县（市、区）职能部门派出机构负责人的人事考核权和征得同意权、规划参与权，对公共事务的综合管理权、区域内事关群众利益重大决策和重大项目的建议权，明确街道评价结果至少占部门年度绩效考核权重的30%、派驻机构年度绩效考核权重的60%，有效增强基层争取上级资源的能力。三是优化分派交办流程。由社会治理指挥中心统一受理、分析研判、分转办理，基层提出需求、部门主动认领；需要多部门协同解决的，由主责单位申请、指挥中心统筹、相关部门配合，形成权责清晰、条块联动、集中破解的工作机制。

实现左右联动。为加强各部门横向联动，创新各类议事协调机构、工作专班、指挥部的设置形式和运行办法，推动实现跨领域的统一领导和组织协调。同时，对于一些涉及地方和条块部门的工作，由省级领导牵头，同时吸纳地方和有关部门为领导小组成员单位，实现横跨和纵跨多种资源整合。

推动重心下移。基层是治理的重心，推动上级决策部署落实，必须做实做强基层。一方面，强化基层力量。统筹各类编制资源向基层倾斜，镇街普遍设立便民服务中心，将行政许可、公共服务、便民服务等事项一并纳入、集中办理。另一方面，实行网格化管理。制定《完善提升城乡社区网格化服务管理工作方案》等文件，推行“社区党委（党总支）—网格党支部—楼院党小组”的组织架构，促进各类资源向基层流动。制定省级“网格服务管理事项清单”“网格事项禁入清单”，进一步规范网格化服务管理工作职能。

后记

本书是中共山东省委宣传部2022年度重大理论与实践问题研究重点课题。省委常委、宣传部部长白玉刚高度重视，提出明确要求。袭艳春、孔繁轲同志主持本书编写工作并审改了书稿。冷兴邦、杨金卫、刘洁、周德禄同志组织完成了本书统稿和修改任务。孔维同、陈虎、罗娇、董兴凯、田小元、杨丹、李潇、胡晋昭、张峰、来敬忠、罗涛、郭勇、杨正伟、刘雯科、颜景超、刘莹、高国强、陈志刚、郑旭、姜青岳、解文静、张菡文、张登方、王茂庆、孙晨、王柄焱、兰家晓、胡芳菅、寇燕强、毛婷婷、宋卫雯、李磊、孔德馨、刘新宇、冯效栋、罗万军、宋振湖、马文文、张海峰、朱林飞、毕昊、于清林、崔明超、巩凯鹏、李建光、刘健康、李树坡、徐雷、李勇、李涛、任启功、田锋等同志承担了具体编写工作。房树人、刘儒鹏、马鹏、李树坡、白光博同志参加了相关调研、起草、修改和统稿工作。

本书在编写过程中，得到山东省直有关部门单位的大力支持。省委办公厅、省委组织部、省委政研室、省委国安办、省政府办公厅、省发展改革委、省科技厅、省工业和信息化厅、省财政厅、省大数据局等部门单位抽调精干力量组成课题组，承担相关章节的研究撰写任务。省委财经办、省教育厅、省民政厅、省人力资源社会保障厅、省农业农村厅、省文化和旅游厅、省政府研究室、省地方金融监管局等部门单位，高剑锋、张祚亭、魏学武、张海波、安文建、王元强、张培林、付金君等同志对本书提出了宝贵意见。同时，本书还吸收了有关部门和专家的相关研究成果，引用了新华社、人民日报、大众日报、大众网、齐鲁网等媒体的相关报道和图片资料，在此一并表示感谢。

由于时间仓促、水平有限，如有不足之处，敬请批评指正。

编　者

2022 年 9 月